«Packer es lúcido, suele ilustrar bien [...] a
y breve discusión sobre lo que sería [...] s
no hubiera resucitado. Packer tamb[...] e
los cristianos pueden creer con certeza que Jesús resucitó. Una serie de
otras buenas discusiones son útiles, tales como lo que significa el cielo,
la venida pública y futura de Cristo, el Espíritu Santo, el perdón, la resurrección corporal, la vida eterna, el bautismo, el bautismo en el Espíritu».

—**James E. Rosscup,** *The Master's Seminary Journal*

«La madurez en la vida espiritual, como su contraparte en el ámbito
social y emocional, requiere un esfuerzo consciente. El renombrado
autor J. I. Packer comparte el beneficio de su amplia experiencia para
lograr el crecimiento en Cristo. No esperes un libro de doctrinas que
solo los teólogos puedan entender. Packer presenta la doctrina desde una
perspectiva práctica con aplicaciones de la vida cotidiana».

—**Glen H. Jones,** *Pulpit Helps*

«Packer hace un trabajo excepcional al proveer un análisis simple de
contenido profundo. Sus ideas invitan a una mayor reflexión, desarrollo
y discusión. Vale la pena tener este libro. Cualquiera que desee predicar,
discutir o simplemente reflexionar sobre las "tres grandes fórmulas" de la
fe cristiana y su incorporación a los catecismos históricos, se enriquecería
con *Crecer en Cristo* de Packer».

—**Wilbert M. Van Dyk,** *Calvin Theological Journal*

CRECER

en

Crísto

J. I. Packer

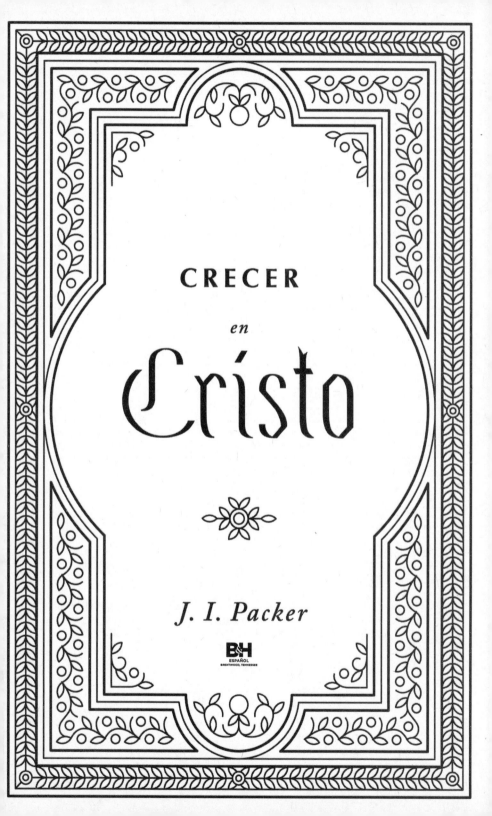

B&H
ESPAÑOL
BRENTWOOD, TENNESSEE

Crecer en Cristo

B&H Publishing Group
Brentwood TN, 37027

Diseño de portada: Crossway

Clasificación Decimal Dewey: 248.84
Clasifíquese: VIDA CRISTIANA \ TEOLOGÍA \ FE

ISBN: 978-1-0877-7615-6

Impreso en EE. UU.
1 2 3 4 5 * 27 26 25 24

Para Jim,
Tom y Elisabeth que,
por lo que son incluso más
que por lo que dicen,
comparten la fortaleza
que se les ha dado.

Contenido

CUARTA PARTE
DISEÑO PARA LA VIDA:
LOS DIEZ MANDAMIENTOS

Introducción

El motivo que me llevó a escribir *Crecer en Cristo* fue proporcionar un libro con recursos para grupos de estudio, así como un estudio que uno mismo puede hacer pensado en adultos que no tienen acceso a un grupo. Desde ese punto de vista, esta es una obra complementaria de mi libro *El conocimiento del Dios santo*, que se ha utilizado mucho para la discusión grupal. Ofrece una serie de bosquejos rápidos y breves (una especie de «esprints»), con preguntas y pasajes bíblicos para un estudio más profundo, que cubren el contenido de las tres fórmulas que siempre han sido centrales en la enseñanza cristiana: el Credo, el Padrenuestro y los Diez Mandamientos, además del bautismo cristiano. Estas tres fórmulas abordan las convicciones cristianas, la comunión con Dios y el código de conducta, respectivamente. El bautismo habla del pacto de Dios, la conversión y el compromiso cristiano y la vida de la iglesia. El bautismo se coloca en su lugar lógico, en la segunda parte del libro, inmediatamente después de nuestro estudio de la fe en la cual los cristianos son bautizados, y antes de reflexiones sobre la oración y la obediencia como expresiones de la vida de discipulado.

Mi esperanza es que el libro pueda tener un uso en todas las iglesias donde se tiene la fe histórica, y con este fin he limitado mi material a temas que C. S. Lewis llamó (tomando prestado de Richard Baxter) «mero cristianismo». Por lo tanto, he tratado de centrarme en los esenciales de la fe, excepto por tres referencias inevitables a malentendidos históricos del Credo y el evangelio por parte de la Iglesia Católica Romana (malentendidos que muchos teólogos católicos romanos ahora se esfuerzan por superar).

Los bosquejos rápidos están escritos de la manera más comprimida y sugerente posible, buscan detonar la conversación, para que las personas empiecen a hablar y pensar; si buscan profundizar y entender por completo cada tema, los lectores deben pasar a las preguntas y al estudio bíblico.

Muchos cristianos hoy en día se sienten incómodos con la palabra «catecismo», pero no tienen por qué estarlo. *Catecismo* tan solo proviene de una palabra griega que significa «hacer oír» y también «instruir». De esta palabra provienen las palabras españolas de *catecismo* (la forma de instrucción), *catecúmeno* (la persona bajo instrucción), *catequesis* (la organización de la enseñanza) y *catequizar* (un verbo que al inicio significaba «instruir», aunque hoy se refiere en especial a un método de enseñanza de preguntas y respuestas). En Hechos 8, leemos cómo Felipe instruyó al eunuco etíope; la catequesis es precisamente ese proceso institucionalizado.

El cristianismo no es instintivo para nadie, ni se entiende de manera informal y sin esfuerzo. Es una fe que tiene que ser aprendida y por lo tanto enseñada, por lo que algún tipo de instrucción sistemática (catequesis) es una parte esencial de la vida de una iglesia.

En los primeros siglos cristianos, había un movimiento constante de adultos conversos que querían saber más, y la instrucción de la catequesis tomó la forma de discursos dados a su nivel. La estrategia de los reformadores para revitalizar una cristiandad que ignoraba el cristianismo los llevó, sin embargo, a concentrarse en la instrucción sistemática para los niños. Durante un siglo y medio se siguió el pionero *Catecismo Menor* de Lutero de 1529, se produjeron literalmente cientos de catecismos, en su mayoría, aunque no exclusivamente, para los más jóvenes. Algunos de estos eran documentos oficiales de la iglesia, otros eran las composiciones privadas de cada clérigo. El catecismo del *Libro de Oración Común*, el *Catecismo de Heidelberg* y el *Catecismo Menor de Westminster* se encuentran entre los más conocidos. Probablemente la mayoría de los protestantes de hoy asocian los catecismos y la catequesis exclusivamente con la formación de los niños y no pensarían en obras como *Mero cristianismo,* de C. S. Lewis, *Paz con Dios,* de Billy Graham, *Cristianismo básico,* de John Stott u *Ortodoxia,* de G. K. Chesterton como catequéticas, porque están escritas para adultos. Pero, en la medida en que están destinadas a instruir a los de afuera y fortalecer a los de adentro en los fundamentos de la fe, la catequesis es la mejor forma de describirlas.

Hoy hay una gran necesidad de una renovación de la instrucción cristiana sistemática (enseñanza catequética) para adultos. No necesita llamarse así, ni necesita tomar la forma de práctica rígida con fórmulas preestablecidas, que es como los protestantes de antaño les enseñaban a sus hijos; pero de una manera u otra, se deben dar oportunidades para que la gente dentro y fuera de las iglesias examine los elementos esenciales cristianos, porque hay muchos para quienes esto es una necesidad primordial. La predicación a menudo no les ayuda, porque con frecuencia supone tanto en el hablante como en los oyentes una certeza confiada sobre los fundamentos de la fe y, cuando esto falta, los sermones se sienten lejanos e incluso irritantes, pues revelan sus suposiciones poco estudiadas. Pero el lugar apropiado para estudiar, desafiar y probar el ABC intelectual del cristianismo no es el púlpito, sino más bien la instrucción sistemática dada en la enseñanza catequética; al menos eso sugiere la historia cristiana.

La teoría educativa moderna concede gran importancia a la exploración individual, al descubrimiento personal y la discusión grupal, y no hay ninguna razón por la cual la instrucción adulta de hoy no deba tomar esta forma. De hecho, será mejor si lo hace, siempre que recordemos que el cristianismo tiene un contenido y una continuidad dados y no es una «x», una cantidad indefinida, ¡para ser reinventada a través de la discusión en cada generación nueva! La excelente historia de C. H. Spurgeon sobre el irlandés que, cuando se le preguntó cómo le fue en la reunión de una pequeña iglesia separatista, dijo: «Oh, fue encantadora; ninguno de nosotros sabía nada y todos nos enseñamos unos a otros», tiene un mensaje para nosotros hoy. Uno ha conocido grupos supuestamente cristianos que profesan estudiar los fundamentos cristianos sobre los cuales esta historia sería muy apropiada. Sin embargo, los grupos de estudio guiados sobre fundamentos cristianos, como algunas iglesias que conozco utilizan año tras año, constituyen una renovación genuina y muy necesaria de la catequesis; es decir, la enseñanza sistemática de los elementos esenciales cristianos, y no creo que exista una iglesia que no se beneficie de incorporarla.

Espero que este libro pueda ser usado de alguna pequeña manera para ayudar a muchos a llegar a una comprensión más profunda de lo esencial de la fe cristiana y, como el título indica, a crecer en nuestro Señor y Salvador, Jesucristo.

J. I. PACKER

Primera Parte

Afirmar lo esencial:

el Credo de los Apóstoles

El Credo de los Apóstoles

Creo en Dios Padre Todopoderoso,
Creador del cielo y de la tierra.
Creo en Jesucristo,
su unigénito Hijo, nuestro Señor;
quien fue concebido por el Espíritu Santo,
nacido de la virgen María,
sufrió bajo Poncio Pilato,
fue crucificado, muerto y sepultado.
Descendió al infierno.
Al tercer día resucitó de entre los muertos.
Ascendió al cielo
y está sentado a la diestra de Dios Padre
    Todopoderoso.
Desde allí vendrá a juzgar a los vivos y a los
    muertos.
Creo en el Espíritu Santo;
la santa Iglesia católica;
la comunión de los santos;
el perdón de los pecados;
la resurrección del cuerpo
y la vida eterna.

Prefacio

Si vas a atravesar el país a pie, necesitas un mapa. Ahora bien, hay diferentes tipos de mapas. Uno es el mapa de relieve a gran escala, que marca todos los caminos, pantanos, riscos y más en detalle. Dado que el caminante necesita la información más completa sobre la ruta elegida, debe tener un mapa de ese tipo. Pero para elegir entre los diversos caminos que podría seguir, bien podría aprender más (y más rápidamente) de un mapa a pequeña escala que deja de lado la geografía detallada y solo le muestra los caminos y senderos que conducen más directamente de un lugar a otro. Los caminantes bien preparados tienen mapas de ambos tipos.

Si la vida es un viaje, entonces la Santa Biblia, con un millón de palabras, es el mapa a gran escala con todo lo que contiene, y el Credo de los Apóstoles, de cien palabras (llamado así no porque los apóstoles lo escribieran, a pesar de la leyenda posterior, sino porque enseña la doctrina apostólica), es la hoja de ruta simplificada, que ignora mucho pero permite ver de un vistazo los puntos principales de la creencia cristiana. «Credo» significa «creencia»; muchos cristianos de antaño solían llamar a este credo «la creencia» y en el siglo II, cuando apareció por primera vez, casi como lo tenemos ahora, se llamaba «la Regla de Fe».

Cuando la gente investiga el cristianismo, sus consejeros naturalmente quieren que estudien la Biblia y los lleven a la confianza personal en el Cristo vivo tan pronto como puedan; y con razón. Pero como medio para ambos fines, ayuda llevarlos a través del Credo, como una orientación preliminar a la Biblia y un análisis preliminar de las convicciones sobre las cuales debe descansar la fe en Cristo.

Esas convicciones son trinitarias. El Credo nos habla del Padre, del Hijo y del Espíritu Santo, para que una vez que los hayamos descubierto podamos encontrarlos de forma experiencial. ¿Qué aprendemos del Credo al estudiarlo? La respuesta se ha resumido de forma maravillosa de la siguiente manera:

«Primero, aprendo a creer en Dios el Padre, quien me ha hecho a mí y a todo el mundo.

»En segundo lugar, en Dios el Hijo que me ha redimido a mí y a toda la humanidad.

»En tercer lugar, en Dios el Espíritu Santo, que me santifica a mí y a todo el pueblo escogido de Dios».[1]

Cuando uno ha aprendido todo esto, no está lejos del reino de Dios.

El propósito del conocimiento es que podamos aplicarlo a la vida. Esto no es más cierto en ninguna parte que en el cristianismo, donde el verdadero conocimiento (conocimiento del Dios verdadero) es precisamente el conocimiento sobre Dios, aplicado. Y el conocimiento sobre Dios, para su aplicación, es lo que se ofrece aquí, en los estudios que siguen.

Nota:

[1]*The Prayer Book Catechism.*

1

Creo en Dios

C uando a las personas se les pregunta en qué creen, no solo dan respuestas diferentes, sino diferentes tipos de respuestas. Alguien podría decir: «Creo en los ovnis»; eso significa que piensa que los ovnis son reales. «Creo en la democracia»; es decir, piensa que los principios democráticos son justos y beneficiosos. Pero ¿qué significa cuando las congregaciones cristianas se ponen de pie y dicen: «Creo en Dios»? Mucho más que cuando el objeto de creencia es el ovni o la democracia.

Puedo creer en los ovnis sin haber buscado uno y en la democracia sin haber votado. En casos como estos, la creencia es un asunto del intelecto nada más. Pero las palabras iniciales del Credo —«Creo en Dios»— constituyen una frase griega acuñada por los escritores del Nuevo Testamento, que significa literalmente: *«Estoy creyendo en* Dios». Es decir, más allá de creer ciertas verdades *sobre* Dios, estoy viviendo en una relación de compromiso *con* Dios en confianza y unidad. Cuando digo: «Creo en Dios», estoy profesando mi convicción de que Dios me ha invitado a este compromiso y declarando que he aceptado Su invitación.

Fe

La palabra «fe», que en español proviene de un sustantivo griego (*pístis*), está formada a partir del verbo en la frase «creer en» (*pisteúo*) que obtiene la idea de compromiso de confianza y fiabilidad mejor que «creencia». Mientras que «creer» sugiere una simple opinión, la «fe» (ya sea en un automóvil, en un medicamento patentado, en un aprendiz, en un médico, en un cónyuge o lo que sea) es una manera de tratar a la persona u objeto como confiable y, en consecuencia, comprometerse. Lo mismo es cierto de la fe en Dios y de una manera más profunda.

Lo que ofrece y demanda el objeto es lo que determina en cada caso lo que implica un compromiso de fe. Por lo tanto, muestro fe en mi automóvil confiando en él para que me lleve a mi destino, y en mi médico al someterme a su tratamiento. Muestro fe en Dios al inclinarme ante Su demanda de reinar sobre mí y dirigirme; al recibir a Jesucristo, Su Hijo, como mi propio Señor y Salvador y confiando en Su promesa de bendecirme aquí y en el más allá. Este es el significado de la respuesta a lo que ofrece y demanda el Dios del Credo.

A veces, la fe se iguala con esa conciencia de «alguien más arriba» (o «más allá» o «en el centro de las cosas») que de vez en cuando, a través del impacto de la naturaleza, la conciencia, el buen arte, estar enamorado o lo que sea, toca los corazones de los más duros. (Si lo toman en serio es otra cuestión, pero les sucede a todos; Dios se encarga de eso). Pero la fe cristiana solo empieza cuando participamos de la autorrevelación de Dios en Cristo y en las Escrituras, donde nos encontramos con Él como el Creador que «manda a todos los hombres en todo lugar, que se arrepientan» y «este es su mandamiento: Que creamos en el nombre de su Hijo Jesucristo» (Hech. 17:30; 1 Jn. 3:23; comp. Juan 6:28 ss.). La fe cristiana significa escuchar, notar y hacer lo que Dios dice.

Duda

Escribo como si la revelación de Dios en la Biblia tuviera verdad y autoridad evidente y creo que en última instancia las tiene; pero sé, como tú, que las ideas preconcebidas y los prejuicios crean problemas para todos nosotros y muchos tienen profundas dudas y confusiones sobre los elementos del mensaje bíblico. ¿Cómo se relacionan estas dudas con la fe?

Bueno, ¿qué es la duda? Es un estado de mente dividida, «doble ánimo» es el concepto de Santiago (Sant. 1:6-8) y se encuentra tanto *dentro* de la fe como *fuera* de ella. En el primer caso, es la fe contaminada, enferma y turbada; en el segundo caso, se refiere a una lucha hacia la fe o lejos de un Dios que parece que está invadiendo y haciendo demandas que uno no quiere cumplir. En la autobiografía espiritual de C. S. Lewis, *Sorprendido por la alegría*, puedes observar ambas motivaciones de forma sucesiva.

En nuestras dudas, creemos que somos sinceros —y tratamos de serlo—; pero la sinceridad perfecta está más allá de nosotros en este mundo, y una renuencia ignorada a creer en lo que Dios dice, ya sea por respeto a una supuesta erudición o temor al ridículo o un fuerte compromiso o algún otro motivo, a menudo subyace a la duda de una persona sobre determinado elemento de la fe. Con frecuencia, esto se hace evidente en retrospectiva, aunque no pudimos verlo en ese momento.

¿Cómo se puede ayudar a los escépticos? Primero, *explicando* el aspecto problemático (porque las dudas a menudo surgen de malos entendidos); segundo, *exhibiendo* lo razonable que es la creencia cristiana en ese punto y los motivos para aceptarla (porque las creencias cristianas, aunque están por encima de la realidad, no están en contra de ella); tercero, *profundizando* en aquello que provoca las dudas (porque las dudas nunca son racionalmente convincentes y las vacilaciones sobre el cristianismo por lo general tienen más que ver con gustos y aversiones, susceptibilidades heridas y esnobismo social, intelectual y cultural de lo que los escépticos son conscientes).

Personal

En la adoración, el Credo se dice al unísono, pero las palabras iniciales son «creo», no «creemos»; cada adorador habla por sí mismo. Así proclama su filosofía de vida y al mismo tiempo da testimonio de su felicidad: ha llegado a las manos del Dios cristiano donde se alegra de estar, y cuando dice «creo», es un acto de alabanza y acción de gracias de su parte. Es en realidad grandioso poder pronunciar el Credo.

Estudio bíblico adicional

Fe en acción:
- Romanos 4
- Hebreos 11
- Marcos 5:25-34

Preguntas para la reflexión y la discusión

- ¿Cuál es el significado esencial de la «fe» (gr., *pístis*)?
- ¿Cuál es la importancia de la palabra «creo» en la frase inicial del Credo?
- ¿Con qué dudas sobre el cristianismo has tenido que lidiar en tu caso y con los demás?
- ¿Cómo puede el enfoque descrito en este capítulo ayudar a abordar las dudas y preguntas que podamos tener?

2

El Dios en el que creo

¿Qué significa cuando nos paramos en la iglesia y decimos: «Creo en Dios»? ¿Estamos en este punto aliándonos con los judíos, musulmanes, hindúes y otros en contra del ateísmo y declarando que existe un Dios, a diferencia de no haber ninguno? No. Estamos haciendo mucho más que esto. Estamos profesando fe en el mismo Dios del Credo, el Dios cristiano, el Dios de la Biblia, el Creador soberano cuyo «nombre cristiano», como lo expresó Karl Barth, es Padre, Hijo y Espíritu Santo. Si este no es el Dios en quien creemos, no tenemos por qué pronunciar el Credo en absoluto.

Ídolos

Debemos ser claros aquí. La idea hoy en día es que la gran división es entre aquellos que dicen «creo en Dios» de alguna forma y aquellos que no pueden decirlo de ninguna forma. El ateísmo es visto como un enemigo; el paganismo no, y se da por sentado que la diferencia entre una fe y otra es algo muy secundario. Pero, en la Biblia, la gran división es entre aquellos que creen en el Dios cristiano y aquellos que sirven a los ídolos, «dioses», es decir, cuyas imágenes, ya sean de metales o sean mentales, no cuadran con la autorrevelación del Creador. Sería bueno que algunos de los que recitan «creo en Dios» en la iglesia cada domingo vean que lo que en realidad quieren decir es: «*No* creo en Dios; ¡al menos, no en este Dios!».

Su nombre

La Biblia nos dice que Dios se ha revelado a sí mismo, estableciendo Su identidad, por así decirlo, diciéndonos Su «nombre». Este «nombre» lo vemos en tres aspectos.

Primero, Dios dio Su «nombre propio», Jehová (o Yahvéh, como prefieren los estudiosos modernos), a Moisés en la zarza ardiente (Ex. 3:13 ss.; ver también 6:3). El nombre significa «Yo soy el que soy» o «Yo seré el que seré» (NVI, texto y nota al pie). Declara la omnipotencia de Dios: no se le puede impedir ser lo que es y hacer lo que quiere. Bien hicieron algunos traductores bíblicos en traducir este nombre como «el SEÑOR». El Credo hace eco de este énfasis cuando habla de Dios Padre «todopoderoso».

Segundo, Dios «proclamó el nombre del SEÑOR» a Moisés al delinear Su carácter moral: «Dios compasivo y clemente, lento para la ira y abundante en misericordia y verdad; que guarda misericordia a millares, el que perdona la iniquidad, la transgresión y el pecado, [...] no tendrá por inocente al culpable» (Ex. 34:5-7, NBLA). Este «nombre», se puede decir que es una descripción revelada, porque revela tanto la *naturaleza* de Dios como Su *rol*. Es una declaración que hace eco y resuena en toda la Biblia (ver Ex. 20:5 ss.; Núm. 14:18; 2 Crón. 30:9; Neh. 1:5; 9:17, 32; Sal. 86:5, 15; 103:8-18; 111:4-9; 112:4; 116:5; 145:8 ss., 17, 20; Joel 2:13; Jon. 4:2; Rom. 2:2-6) y todos los actos de Dios que las Escrituras registran confirman e ilustran su verdad. Cabe destacar que cuando Juan trata los dos lados del carácter de Dios diciendo que Él es *luz* y *amor* (1 Jn. 1:5; 4:8) (no amor sin justicia y pureza, ni rectitud sin bondad y compasión, sino amor santo y santidad amorosa y cada cualidad en el grado más alto), ofrece cada declaración como resumen de lo que aprendemos de Jesús sobre Dios.

Tres en uno

Tercero, el Hijo de Dios les dijo a Sus discípulos que bautizaran «en el nombre del Padre, y del Hijo, y del Espíritu Santo» (Mat. 28:19). «Nombre», observa, no «nombres»: las tres personas juntas constituyen al único Dios. Aquí nos enfrentamos a la verdad más confusa e insondable de todas, la verdad de la Trinidad, de la cual los tres párrafos del Credo («el Padre […] su Unigénito Hijo […] el Espíritu Santo») también dan testimonio. ¿Qué debemos hacer con ello? En sí misma, la tri-unidad divina es un misterio, un hecho trascendente que sobrepasa nuestro entendimiento. (Lo mismo es cierto de realidades tales como la eternidad, el infinito, la omnisciencia y el control providencial de Dios de nuestras acciones libres; de hecho, todas las verdades sobre Dios exceden nuestra comprensión, en mayor o menor medida). Que el único Dios eterno es eternamente singular y plural, y que el Padre, el Hijo y el Espíritu son personas distintas pero uno en esencia (de modo que el triteísmo o la creencia en tres dioses que no son uno, y el unitarismo o la creencia en un Dios que no es tres, están erradas) es más de lo que podemos entender, e incluso cualquier intento de «explicarlo» para disipar el misterio mediante el razonamiento, en lugar de confesar las Escrituras, está destinado a distorsionarlo. Aquí, como en otras cuestiones, nuestro Dios es demasiado grande para las pequeñas mentes de Sus criaturas.

Sin embargo, los hechos fundamentales históricos de la fe cristiana —un hombre que era Dios, que oraba a Su Padre y prometió que Él y Su Padre enviarían «otro Consolador» para continuar Su ministerio divino—, así como los hechos universalmente experimentados de la devoción cristiana —adorar a Dios el Padre por encima de nosotros y crecer en comunión con Dios el Hijo a nuestro lado a través de la inspiración de Dios el Espíritu Santo dentro de nosotros— apuntan de forma ineludible a la esencia *tres en uno* de Dios. También lo hace la actividad cooperativa de los tres para salvarnos: el Padre lo planea, el Hijo lo consigue y el Espíritu aplica la redención. Muchos pasajes bíblicos dan testimonio de esto; por ejemplo: Romanos 8:1-17; 2 Corintios 13:14; Efesios 1:3-14; 2 Tesalonicenses 2:13 ss.; 1 Pedro 1:2. Cuando se analiza el evangelio de Cristo, la verdad de la Trinidad demuestra ser su fundamento y estructura.

Solo a través de la obra de la gracia que se centra en la encarnación, el único Dios fue visto como plural. No es de extrañar, entonces, que aquellos que no creen en la obra de la gracia duden también de la verdad de la Trinidad.

Pero este es el Dios del Credo. ¿Es este, ahora, el Dios a quien adoramos? ¿O también hemos sido víctimas de la idolatría?

Estudio bíblico adicional

Dios revelado:
1 Juan 1:1-18

Preguntas para la reflexión y la discusión

• ¿Qué significa decir: «En la Biblia, la gran división es entre los que creen en el Dios cristiano y los que sirven a los ídolos»? ¿Estás de acuerdo o en desacuerdo? ¿Por qué?

• ¿Cuál es el significado principal del nombre de Dios «Jehová»? ¿Qué nos dice sobre Él?

• ¿Por qué Cristo dirigió a Sus discípulos a bautizar «en el nombre (singular) del Padre y del Hijo y del Espíritu Santo»?

3

El Padre Todopoderoso

En cualquier iglesia donde pronunciar el Credo es parte del servicio de adoración, es probable que la paternidad de Dios se haya celebrado en canciones («Gloria sea al Padre...») antes de que se pronuncie el Credo, porque es un tema que, sin falta, los escritores de himnos siempre han destacado. Pero ¿cómo debemos entenderlo?

Creación

Es claro que cuando el Credo habla de «Dios Padre Todopoderoso, Creador del cielo y de la tierra», tiene en mente de forma inmediata el hecho de que nosotros y también todo lo creado dependemos de Dios como Creador para nuestra existencia, en todo momento. Ahora, llamarla «paternidad creadora» no es antibíblico, pues se apoya tanto en el Antiguo Testamento, en Malaquías 2:10 («¿No tenemos todos un mismo padre? ¿No nos ha creado un mismo Dios?»), como en el Nuevo Testamento, en Hechos 17:28, cuando Pablo está predicando en Atenas y cita favorablemente la declaración de un poeta griego: «Linaje suyo somos». No obstante, ambos textos provienen de pasajes que amenazan sobre el juicio divino. El sermón evangelizador de Pablo en Atenas deja muy claro que, aunque la relación paternal implica una obligación de buscar, adorar y obedecer a Dios y de rendirle cuentas, al final del día eso no implica Su favor y aceptación cuando no hay arrepentimiento por los pecados pasados ni fe en Cristo (ver el discurso completo, vv. 22-31).

Quienes enfatizan la paternidad universal de Dios tratan de implicar que todos los hombres están y siempre estarán en un estado de salvación, pero esa no es la postura bíblica. Pablo dice que aquellos para quienes «la palabra de la cruz es locura [...] se pierden» (1 Cor. 1:18) y advierte al que tiene un corazón «no arrepentido», que «[atesora] para [sí] mismo ira para el día de la ira» (Rom. 2:5), por mucho que sean descendientes de Dios.

Padre e Hijo

De hecho, cuando el Nuevo Testamento habla de la paternidad de Dios, no es con referencia a la creación, sino en conexión con otras dos cosas. La primera es la *vida interior de la Deidad*. Dentro de la Trinidad eterna, hay una relación familiar entre el Padre y el Hijo. En la tierra, el Hijo llamó a Aquel a quien servía «mi Padre» y oró a Él como *Abba*, el equivalente arameo de un Papá respetuoso.

Jesús mismo demostró lo que esta relación significaba. Por un lado, el Hijo ama al Padre (Juan 14:31) y siempre hace lo que le agrada (8:29). No toma la iniciativa, sino que depende en cada momento del Padre para ser guiado (5:19 ss., 30), pero es la tenacidad personificada en cuanto a adherirse a la voluntad conocida del Padre. «Padre mío [...] pero no sea como yo quiero, sino como tú. [...] hágase tu voluntad» (Mat. 26:39, 42). «La copa que el Padre me ha dado, ¿no la he de beber?» (Juan 18:11).

Por otro lado, el Padre ama al Hijo (Juan 3:35; 5:20) y lo engrandece dándole gloria y grandes tareas que hacer (5:20-30; 10:17 ss.; 17:23-26). Dar vida y ejecutar juicio son tareas gemelas que han sido encomendadas por completo a Él, «para que todos honren al Hijo» (5:23).

La paternidad amorosa de Dios de Su Hijo eterno es el arquetipo de Su relación misericordiosa con Su propio pueblo redimido, así como el modelo del cual deriva la paternidad que Dios ha creado en las familias humanas. Pablo habló del «Dios y Padre de nuestro Señor Jesucristo» como «el Padre [...], de quien toma nombre toda familia en los cielos y en la tierra» (Ef. 1:3; 3:14 ss.). Las familias humanas, por su propia constitución, reflejan la relación entre Padre e Hijo en el cielo y las relaciones entre padres e hijos deben expresar un amor que corresponde al amor mutuo del Padre y el Hijo en la Deidad.

Adopción

La segunda conexión que encontramos donde el Nuevo Testamento habla de Dios como Padre tiene que ver con la *adopción del pecador creyente* en la vida de la familia de Dios. Este es un don de gracia sobrenatural, relacionado con la justificación y el nuevo nacimiento, dado de forma gratuita por Dios y recibido en humildad por la fe en Jesucristo como Salvador y Señor. «Mas a todos los que le recibieron [a Jesús], a los que creen en su nombre, les dio potestad de ser hechos hijos de Dios [...] engendrados [...] de Dios» (Juan 1:12-13). El mensaje que Jesús envió a Sus discípulos al resucitar de entre los muertos fue: «Subo a mi Padre y a vuestro Padre, a mi Dios y a vuestro Dios» (Juan 20:17). Como discípulos, pertenecían a la familia; de hecho, en esa misma frase Jesús los llamó «mis hermanos». Todos los que ha salvado son Sus hermanos.

Cuando el cristiano dice la primera oración del Credo, une todo esto y confiesa a su Creador como el Padre de su Salvador y su propio Padre a través de Cristo, un Padre que ahora lo ama no menos de lo que ama a Su Hijo unigénito. Esa es una confesión maravillosa que podemos hacer.

Todopoderoso

Dios el Padre es «todopoderoso», lo que significa que puede hacer y hará todo lo que se proponga. ¿Qué quiere para Sus hijos? La respuesta es que compartan todo lo que su hermano mayor disfruta hoy. Los creyentes son «herederos de Dios y coherederos con Cristo, si es que padecemos juntamente con él, para que juntamente con él seamos glorificados» (Rom. 8:17). Sufriremos, pero no nos perderemos la gloria: el Padre todopoderoso se encargará de eso. Alabado sea Su nombre.

Estudio bíblico adicional

Sobre nuestra adopción en Cristo:
- Efesios 1:3-14
- Gálatas 4:1-7

Preguntas para la reflexión y la discusión

- ¿Qué dice la declaración «linaje suyo somos» sobre la paternidad de Dios? ¿Qué deja fuera?
- ¿Cómo se ve la paternidad de Dios dentro de la Trinidad?
- ¿Por qué Jesús puede llamar a los cristianos Sus «hermanos»?

4

Todopoderoso

El Credo declara la fe en Dios Padre «todopoderoso». ¿Importa el adjetivo? Sí, y mucho. Apunta a la realidad bíblica básica de que Dios es el Señor, el Rey, el omnipotente que reina sobre Su mundo. Note el gozo extático con el que el gobierno soberano de Dios es proclamado y alabado en, por ejemplo, los Salmos 93, 96, 97, 99:1-5 y 103. Los hombres tratan la soberanía de Dios como un tema de controversia, pero en las Escrituras es un asunto de adoración.

Necesitamos darnos cuenta de que no podemos entender de forma correcta los caminos de Dios de ninguna manera hasta que los veamos a la luz de Su soberanía. Esa, sin duda, es la razón por la que el Credo aprovecha la primera oportunidad para anunciarlo. Pero, aunque el corazón creyente se sienta arropado con ella, no es una verdad fácil de comprender para nuestras mentes y surgen una serie de preguntas.

Lo que Dios no puede hacer

Primero, ¿la omnipotencia significa que Dios puede hacer en realidad cualquier cosa? No, ese no es el significado. Hay muchas cosas que Dios no puede hacer. No puede hacer lo que es contradictorio o absurdo, como dibujar un círculo cuadrado. Tampoco (y esto es vital) puede ir en contra de Su carácter. Dios tiene un carácter moral perfecto y no está en Él negarlo. No puede ser caprichoso, no tener amor, ser imprevisible, injusto o inconsistente. Así como no puede perdonar el pecado sin expiación, porque eso no sería correcto, no puede dejar de ser «fiel y justo» en perdonar los pecados que se confiesan en la fe y en guardar todas las otras promesas que ha hecho, porque no cumplirlas tampoco sería correcto. La inestabilidad moral, la indecisión y la falta de confianza son muestras de debilidad, no de fuerza; pero la omnipotencia de Dios es fuerza suprema, lo cual hace imposible que caiga en imperfecciones de este tipo.

La manera positiva de decir esto es que, aunque hay cosas que un Dios santo y racional es incapaz de hacer, todo lo que quiere hacer realmente lo hace. «Todo cuanto el SEÑOR quiere, lo hace» (Sal. 135:6, NBLA). Así como, cuando planeó hacer el mundo, «Él habló, y fue hecho» (Sal. 33:9, NBLA; ver Gén. 1), lo mismo ocurre con cada cosa que Él quiere. Con los hombres, aun lo que debería resultar bien, puede que no lo haga, pero no con Él.

El libre albedrío humano

Segundo, ¿no está limitado el poder de Dios para cumplir Sus propósitos debido al libre albedrío del hombre? No. El poder del hombre de elección espontánea y responsable es algo creado, un aspecto del misterio de la naturaleza humana creada, y el poder de Dios para cumplir Sus propósitos no está limitado por nada de lo que Él ha hecho. Así como Él lleva a cabo Su voluntad a través de cómo funciona el orden físico, también lleva a cabo Su voluntad a través del funcionamiento de nuestra composición psicológica. En ningún caso se afecta la integridad de aquello creado y siempre es posible (excepto algunos milagros) «explicar» lo que ha sucedido sin referencia al gobierno de Dios. Pero en cada caso Dios ordena aquello que sucede.

Entonces, por lo tanto, sin violar la naturaleza de las realidades creadas o reducir la actividad del hombre al nivel de un robot, Dios siempre «obra todas las cosas conforme al consejo de Su voluntad» (Ef. 1:11, NBLA).

Pero ¿no es cierto que en ese caso lo que consideramos nuestro libre albedrío es ilusorio e irreal? Eso depende de lo que quieras decir. Ciertamente es ilusorio pensar que nuestras voluntades solo son libres si operan separadas de Dios. Pero el libre albedrío en el sentido de «influencia libre», como lo han definido los teólogos (es decir, el poder de la elección espontánea y autodeterminada mencionada anteriormente) es real. Como una realidad de la creación, un aspecto de nuestra humanidad existe, como todas las cosas creadas, en Dios. Cómo Dios lo sostiene y prevalece sin invalidarlo es Su secreto; pero que lo hace es cierto, tanto por nuestra experiencia consciente de tomar decisiones y actuar «por nuestra propia voluntad», como por la insistencia escritural de que somos responsables ante Dios por nuestras acciones, solo porque en el sentido moral son realmente nuestras.

El mal es dominado

Tercero, ¿no sugiere la existencia del mal (maldad moral, dolor inútil y desperdicio del bien) que Dios el Padre no es todopoderoso después de todo? Porque con seguridad eliminaría estas cosas si pudiera. Sí, lo haría, ¡y lo está haciendo! A través de Cristo, la gente mala como tú y yo ya estamos siendo transformados para ser hechos buenos; nuevos cuerpos libres de dolor y enfermedad están en camino y un cosmos reconstruido con ellos; y Pablo nos asegura que «las aflicciones del tiempo presente no son comparables con la gloria venidera que en nosotros ha de manifestarse» (Rom. 8:18; comp. 19-23). Si Dios se mueve con más lentitud de lo que quisiéramos para eliminar el mal de Su mundo y traer el nuevo orden, podemos estar seguros de que lo hace para ampliar Su propósito de gracia e incluir en él a más víctimas del mal del mundo, que de otra manera habrían quedado afuera. (Estudie 2 Pedro 3:3-10, especialmente el v. 8 ss.)

Buenas noticias

La verdad de la omnipotencia de Dios en la creación, la providencia y la gracia es la base de toda nuestra confianza, paz y gozo en Dios y la garantía de todas nuestras esperanzas de oraciones contestadas, protección en el presente y la salvación final. Significa que ni el destino, ni las estrellas, ni el puro azar, ni la necedad del hombre, ni la maldad de Satanás controlan este mundo; en cambio, un Dios moralmente perfecto lo dirige y nadie puede destronarlo o frustrar Sus propósitos de amor. Si yo soy de Cristo, entonces...

> *Un protector soberano tengo,*
> *Invisible, pero siempre cerca,*
> *Inmutablemente fiel para salvar,*
> *Todopoderoso para gobernar y controlar...*
> *Si tú eres mi Escudo y mi Sol*
> *La noche no es oscuridad para mí,*
> *Y, tan rápido como mis momentos pasan,*
> *Me acercan más a ti.*

¿Buenas noticias? Sí, las mejores de todas.

Estudio bíblico adicional

El Dios que gobierna:
- Génesis 50:15-26
- Salmo 93
- Hechos 4:23-31

Preguntas para la reflexión y la discusión

- ¿Qué significa «todopoderoso»? ¿Por qué es importante creer que Dios es todopoderoso?
- ¿Se puede decir en algún sentido que hay ciertas cosas que incluso la omnipotencia no puede hacer?
- ¿Está limitado el poder de Dios por el libre albedrío del hombre? ¿Por qué sí o por qué no?

5

Creador del cielo
y de la tierra

«En el principio creó Dios los cielos y la tierra»; así empieza la Biblia. («Cielos y tierra» es el lenguaje bíblico para «todo lo que es»).

Es discutible cuánto (o qué tan poco) Génesis 1 y 2 nos dicen sobre el *método* de la creación; si, por ejemplo, descartan o no la idea de que los organismos físicos evolucionen a través de periodos de miles de años. Lo que está claro, sin embargo, es que su objetivo principal no es decirnos cómo se hizo el mundo, sino quién lo hizo.

Presentando al Artista

El capítulo de resolución en una de las historias de detectives de Dorothy Sayers se llama «Cuando sabes cómo, sabes quién». Génesis 1 y 2, sin embargo, nos dicen *quién* sin dar muchas respuestas sobre el *cómo*. Algunos hoy pueden pensar que esto es un defecto; pero en la larga data de la historia, nuestra preocupación «científica» actual por el *cómo* en lugar del *quién* es muy extraña en sí misma. En lugar de criticar esos capítulos por no alimentar nuestro interés secular, deberíamos tomar de ellos el reproche necesario por nuestra perversa pasión de conocer la naturaleza sin tener en cuenta lo que más importa; es decir, conocer al Creador de la naturaleza.

El mensaje de estos dos capítulos es este: «¿Has visto el mar? ¿El cielo? ¿El sol, la luna y las estrellas? ¿Has observado a los pájaros y a los peces? ¿Has observado el paisaje, la vegetación, los animales, los insectos, todas las cosas grandes y las cosas pequeñas juntas? ¿Te has asombrado de la complejidad maravillosa de los seres humanos, con todos sus poderes y habilidades y los sentimientos profundos de fascinación, atracción y afecto que hombres y mujeres despiertan el uno en el otro? Fantástico, ¿no? Bueno, ahora, ¡conoce al que está detrás de todo esto!». Como si dijera: ahora que has disfrutado de estas obras de arte, debes estrechar la mano del artista; ya que estabas encantado con la música, te presentaremos al compositor. Era para mostrarnos al Creador en lugar de la creación y para enseñarnos el conocimiento de Dios en lugar de la ciencia física, que Génesis 1 y 2, junto con celebraciones de la creación como el Salmo 104 y Job 38-41, fueron escritos.

Al crear, Dios fue el artesano y más. Los artesanos dan forma al material existente y están limitados por él, pero ningún material existió hasta que Dios dijo: «Que sea...». Para explicar este punto, los teólogos hablan de la creación «de la nada», lo cual no significa que la nada fuera una especie de algo, sino que Dios al crear era absolutamente libre y no tenía restricciones y que nada determinaba o moldeaba lo que Él trajo a la existencia excepto Su propia idea sobre lo que Él quería.

Creador y criatura

La distinción entre Creador y criatura es básica para la postura bíblica del señorío de Dios en providencia y gracia, y de hecho para todo pensamiento verdadero sobre Dios y el hombre. Por eso está en el Credo. Su importancia es al menos triple.

Primero, *frena la confusión sobre Dios*. Dios nos hizo a Su imagen, ¡pero tendemos a pensar en Él a nuestra imagen! («El hombre hizo a Dios a Su propia imagen» fue una definición de Voltaire, demasiado verdadera para ser buena). Pero la diferencia entre el Creador y la criatura nos recuerda que Dios no depende de nosotros como nosotros dependemos de Él, ni existe por nuestra voluntad y para nuestro placer, ni podemos pensar que Su vida personal es como la nuestra. Como criaturas, somos limitados; no podemos saberlo todo a la vez, ni estar presentes en todas partes, ni hacer todo lo que nos gustaría hacer, ni evitar sufrir cambios a través de los años. Pero el Creador no está limitado de estas maneras. Por lo tanto, es para nosotros *incomprensible*. No me refiero a que no *tiene sentido*, sino a que *excede nuestra capacidad de comprensión*. No podemos comprenderlo más de lo que nuestros perros y gatos pueden comprendernos. Como cuando Lutero le dijo a Erasmo que sus pensamientos sobre Dios eran *demasiado humanos*, estaba erradicando en principio toda la religión racionalista que alguna vez ha infectado a la iglesia, ¡y con razón! Debemos aprender a ser autocríticos en nuestros pensamientos sobre Dios.

En segundo lugar, *esta diferencia frena la confusión sobre el mundo*. El mundo existe en su estado estable actual por la voluntad y el poder de su Hacedor. Dado que es Su mundo, no somos los dueños, ni somos libres de hacer lo que queramos con él, sino que somos los administradores, responsables ante Él por la forma en que manejamos sus recursos. Dado que es Su mundo, no debemos menospreciarlo. Gran parte de la religión se ha basado en la idea de que el orden material (la realidad experimentada a través del cuerpo, junto con el cuerpo que la experimenta) es mala y, por lo tanto, debe ser rechazada e ignorada en la medida de lo posible. Este punto de vista, que deshumaniza a sus devotos, a veces se ha llamado cristiano, pero en realidad es lo más anticristiano posible. Porque la materia, hecha por Dios, era y es *buena* ante Sus ojos (Gén. 1:31) y también debería de serlo ante los nuestros (1 Tim. 4:4). Servimos a Dios usando y disfrutando las cosas temporales con gratitud, entendiendo el valor que tienen para Él, su Hacedor, y también Su generosidad al dárnoslas. Es una espiritualidad muy impía y, de hecho, inhumana la que busca servir al Creador menospreciando cualquier parte de Su creación.

En tercer lugar, *esta diferencia frena la confusión sobre nosotros mismos*. Como el hombre no es su propio creador, entonces no puede pensar sobre sí mismo como su propio señor. «Dios me hizo para sí mismo, para servirle aquí». La demanda que Dios nos hace es lo primero que debemos enfrentar en la vida y necesitamos hacerlo de forma saludable entendiendo nuestra condición como criaturas.

Estudio bíblico adicional

Dios el Creador:
- Génesis 1; 2
- Isaías 45:9-25

Preguntas para la reflexión y la discusión

- ¿Cuál es el significado de las palabras de Dios «Que sea...»?
- ¿Qué tiene que ver la «diferencia entre Creador y criatura» con Dios al crear al hombre a Su propia imagen?
- ¿Por qué podemos decir con confianza que el orden material no es malo?

6

Y en Jesucristo

«Yo creo en Dios Padre [...] y en Jesucristo su Unigénito Hijo nuestro Señor». Así lo declara el Credo. Cuando llamó a Dios «Creador del cielo y la tierra», se separó del hinduismo y de las religiones orientales en general; ahora, al llamar a Jesucristo el Unigénito Hijo de Dios, se separa del judaísmo y del islam y está completamente apartado. Esta afirmación sobre Jesús es la piedra angular del cristianismo y el ingrediente que lo hace único. Como todo el Nuevo Testamento fue escrito para hacer y justificar esta afirmación, no debemos sorprendernos cuando encontramos que el Credo lo declara con más detalle que cualquier otra cosa.

Cristo y el centro

Esta afirmación es central para la estructura del Credo, porque la sección larga sobre Jesucristo se encuentra entre dos secciones más cortas sobre el Padre y el Espíritu. Es fundamental para la fe del Credo, porque no podríamos saber sobre la Trinidad o la salvación o la resurrección y la vida eterna fuera de Jesucristo. Fue Jesucristo, en Su redención de todo el pueblo de Dios, quien reveló todas estas verdades.

Veamos cómo lo presenta el Credo.

Jesús (griego para Josué, que significa «Dios es Salvador») es Su nombre propio. Lo identifica como una persona histórica, el hijo de María de Nazaret en Galilea, un excarpintero judío que trabajó por tres años como rabino rural y fue ejecutado por las autoridades romanas alrededor de 30 a. C. Los cuatro Evangelios describen Su ministerio con cierto detalle.

Cristo (literalmente, «el ungido») no es un apellido, excepto en el sentido antiguo en que apellidos como Barbero, Molina, Escudero o Pastor declaraban el oficio o la profesión de un hombre. «Cristo» es lo que los presbiterianos llamarían un «título o cargo», que identifica a Jesús como el Rey Salvador designado por Dios, a quien los judíos habían estado esperando durante mucho tiempo. Dado que se esperaba que el Cristo estableciera el reino de Dios y fuera aclamado como Señor supremo en todo el mundo, llamarlo Jesucristo era reclamar para Él un lugar decisivo en la historia y un dominio universal que todos los hombres en todas partes deben reconocer. Los primeros cristianos hicieron esto de forma muy intencional; uno los ve dando discursos, los cuales tenemos registrados en Hechos (ver 2:22-36; 3:12-26; 5:29-32; 10:34-43; 13:26-41; etc.). «Porque Cristo para esto murió y resucitó, y volvió a vivir, para ser Señor así de los muertos como de los que viven» (Rom. 14:9). «En el nombre de Jesús se doble toda rodilla» (Fil. 2:10).

Además, el título *Cristo* afirma que Jesús cumplió los tres ministerios para los cuales los hombres fueron ungidos en los tiempos del Antiguo Testamento, fue *profeta* (un mensajero de Dios) y *sacerdote* (el que intercede ante Dios por nosotros por medio del sacrificio), así como fue *rey*.

La gloria de esta conexión de roles solo se ve cuando la relacionamos con nuestras necesidades reales. ¿Qué necesitamos los pecadores para tener una relación correcta y buena con Dios? Primero, somos ignorantes y necesitamos ser instruidos, porque ninguna relación satisfactoria es posible con una persona de la que sabes poco o nada. Segundo, estamos alejados de Él y necesitamos ser reconciliados con Él; de lo contrario, terminaremos sin ser aceptados, sin ser perdonados y sin ser bendecidos, sin conocer Su amor paternal y exiliados de la herencia que está reservada para aquellos que son Sus hijos. Tercero, somos débiles, ciegos y necios cuando se trata de vivir para Dios y necesitamos a alguien que nos guíe, proteja y fortalezca, que es como se entendía la función real en el Israel del Antiguo Testamento. Ahora, en la persona y el ministerio de un solo hombre, Jesucristo, ¡esta triple necesidad está completa y perfectamente satisfecha! ¡Aleluya!

¡Gran Profeta de mi Dios!
Mi lengua bendeciría tu nombre;
Por ti llegaron las noticias gozosas
De nuestra salvación;
Las noticias gozosas de los pecados perdonados,
Del infierno sometido y de la paz con el cielo.

Jesús, mi gran Sumo Sacerdote,
Ofreció Su sangre y murió;
Mi conciencia culpable no busca
Ningún sacrificio además;
Su poderosa sangre expió para siempre,
Y ahora suplica ante el trono.

Mi querido Señor Todopoderoso,
Mi conquistador y mi Rey,
Tu cetro y tu espada,
De tu gracia reinante canto.
Tuyo es el poder; he aquí, me siento
Unido a ti y ante tus pies.

El Señor divino

Jesús, que es el Cristo (dice el Credo), es el *Unigénito Hijo* de Dios. Esto identifica al hijo de María como la segunda persona de la Trinidad eterna, el Verbo que fue el agente del Padre para crear el mundo y sostenerlo hasta el presente (Juan 1:1-4; Col. 1:13-20; Heb. 1:1-3). ¿Asombroso? Sí, ciertamente, pero esta identidad es el corazón del cristianismo. «Y aquel Verbo fue hecho carne, y habitó entre nosotros» (Juan 1:14).

«Nuestro Señor» sigue después de esto. Si Jesús es Dios el Hijo, nuestro cocreador, y también es Cristo, el Rey Salvador ungido, quien ha resucitado de la muerte y ahora reina (sentado, como dice el Credo, «a la diestra de Dios Padre Todopoderoso», en el lugar de autoridad y poder), entonces Él tiene derecho a gobernarnos y no tenemos derecho a resistir Su reino. Así como invadió el espacio y el tiempo en Palestina hace casi 2000 años, invade también nuestro espacio y tiempo personal hoy, con el mismo propósito de amor que lo trajo por primera vez a la tierra. «Ven, sígueme» fue Su palabra en ese entonces y hoy la sigue siendo. Entonces, ¿es Él tu Señor? Para todos los que pronuncian el Credo, esta pregunta es inevitable; porque ¿cómo puedes decir «nuestro Señor» en la iglesia sin antes haber dicho «mi Señor» en tu corazón?

Estudio bíblico adicional

Jesús, Dios y hombre:
• Hebreos 1:1–3:6

Preguntas para la reflexión y la discusión

• ¿Cuál es el significado del nombre «Jesús» en la historia y para nosotros hoy?
• ¿Qué debería haber significado el título «Cristo» para una nación judía que esperaba? ¿Qué debería significar para nosotros?
• ¿Por qué Cristo puede reclamar con todo derecho la autoridad para gobernar tu vida?

7

Su Unigénito Hijo

C uando escuchas a un joven presentado como «mi único hijo», sabes que es la niña de los ojos de su padre. Las palabras revelan afecto. Cuando el Credo llama a Jesús el «Unigénito Hijo» de Dios, haciendo eco de las palabras de Juan en Juan 1:18; 3:16, 18), la implicación es la misma. Jesús, como el único Hijo de Dios, disfruta del amor más preciado de Su Padre. Dios mismo lo dijo cuando habló desde el cielo para identificar a Jesús en Su bautismo y transfiguración: «Este es mi Hijo amado» (Mat. 3:17; 17:5).

Completamente Dios

Además, esta frase del Credo es un baluarte contra la disminución y negación de la deidad de Jesús como se encuentra en el unitarismo y otros cultos. Jesús no fue solo un buen hombre inspirado por Dios, tampoco era un súper ángel, la primera y más fina de todas las criaturas, llamado «dios» por cortesía porque está muy por encima de los hombres (que es lo que los arrianos dijeron en el siglo IV y lo que los Testigos de Jehová dicen hoy). Jesús fue y sigue siendo el único Hijo de Dios, tan verdadero y pleno Dios como lo es Su Padre. La voluntad de Dios, dijo Jesús, es que «todos honren al Hijo como honran al Padre» (Juan 5:23), una declaración que aplasta al unitarismo.

Pero ¿no es mera mitología hablar de una relación entre Padre e Hijo dentro de la Deidad? No; porque Jesús mismo habló de esta manera. Él llamó a Dios «mi Padre» y a sí mismo «*el* Hijo» (no *uno* más). Habló de una relación única y eterna entre Padre e Hijo, a la que vino a llevar también a otros. «Nadie conoce al Hijo, sino el Padre, ni al Padre conoce alguno, sino el Hijo, y aquel a quien el Hijo lo quiera revelar» (Mat. 11:27).

Concebido

«Engendrado de Su Padre antes de todos los mundos [...] concebido, no hecho», dice el Credo de Nicea. Este es el lenguaje del debate del siglo IV. El punto de esto es que, aunque el Hijo vive Su vida en dependencia del Padre, porque esa es Su naturaleza («Yo vivo por el Padre», Juan 6:57), Él es en sí mismo divino y eterno y no es un ser creado. La frase no está sugiriendo que el Hijo se originó después del Padre o que sea en sí mismo menos que el Padre.

«Concebido» en el adjetivo de Juan («unigénito») no puede significar un evento en el pasado de Dios que no sea también parte de su presente, ya que es solo para nosotros las criaturas que vivimos en el tiempo que existen eventos momentáneos. El tiempo tal como lo conocemos es parte de la creación y su Creador no está sujeto a sus limitaciones, como tampoco está sujeto a las limitaciones del espacio creado. Para nosotros, la vida es una secuencia de momentos y los eventos futuros y pasados (comienzos o cualquier otro) están fuera de nuestro alcance; pero para Dios (así debemos suponer, aunque no podemos imaginarlo), todos los eventos están constantemente presentes en un eterno ahora.

Así que la «concepción» premundana del Hijo (a diferencia de la «concepción» temporal y metafórica del rey en el Salmo 2:7, que se aplica a Cristo en Hechos 13:33 y Hebreos 1:5, 5:5, y que significa simplemente llevarlo al trono) debe ser pensada no como un evento momentáneo por el cual Dios, después de ser singular, se convirtió en plural, sino como una relación eterna por la cual la primera persona es siempre Padre del Hijo y la segunda es siempre Hijo del Padre. En el siglo III, Orígenes expresó con felicidad este pensamiento al hablar de la «generación eterna» del Hijo. Es parte de la gloria única del Dios trino.

Misterio

La fórmula para definir la encarnación en el Concilio de Calcedonia fue «una persona en dos naturalezas, completamente Dios y completamente hombre» o «Dios en el hombre y el hombre en Dios» de Karl Barth. Suenan simples, pero el tema en sí es insondable. Es fácil derribar las antiguas herejías de que el Hijo tomó un cuerpo humano sin alma humana o que siempre fue dos personas bajo una misma piel, y con ellas la herejía moderna de que la «encarnación» del Hijo era tan solo un caso especial donde el Espíritu moraba en Jesús, de modo que no era Dios, sino solo un hombre lleno de Dios. Pero comprender lo que fue la encarnación en términos constructivos está más allá de nosotros. Pero no se preocupe; ¡no necesita saber cómo Dios se hizo hombre para conocer a Cristo! Puede entenderlo o no; pero que «el Verbo fue hecho carne» (Juan 1:14) fue el milagro supremo e increíble; el amor lo impulsó; y no nos corresponde especular al respecto y reducirlo, sino maravillarnos, adorar, amar y exaltar a «Jesucristo [que] es el mismo ayer, hoy y por los siglos» (Heb. 13:8).

Responde a todo el designio de tu misericordia,
Mi Dios encarnado por mí;
Mi espíritu hace el templo brillar,
Mi luz y salvación plenas sean;
Y a través de las sombras de la muerte desconocida
Condúceme a tu deslumbrante trono.

Estudio bíblico adicional

El Hijo encarnado de Dios:
• Colosenses 1:13-23

Preguntas para la reflexión y la discusión

• ¿Por qué no es suficiente llamar a Jesús «inspirado por Dios», un ángel superior o incluso un dios?
• ¿Cuál es la importancia de que el Hijo no sea un ser creado?
• ¿Por qué enfrentar el cristianismo significa enfrentar a Jesucristo?

8

Nacido de la virgen María

La Biblia dice que el Hijo de Dios entró y salió de este mundo por medio de actos sobrenaturales. Su salida fue por medio de la resurrección y por medio de la ascención; y Su entrada por medio de un nacimiento virginal: ambos cumpliendo las profecías del Antiguo Testamento (ver Isaías 7:14 para el nacimiento virginal y 53:10-12 para la resurrección y ascensión).

Los milagros de entrada y salida llevan el mismo mensaje. Primero, confirman que Jesús, aunque no menos que un hombre, era más que el hombre. Su vida terrenal, aunque plenamente humana, también fue divina. Él, el cocreador, estaba en este mundo, Su propio mundo, como visitante; vino de Dios y volvió a Dios.

Los Padres apelaron al nacimiento virginal como prueba, no de que Jesús fuera en verdad divino a diferencia de ser solo humano, sino que en verdad era humano, a diferencia de ser humano como los fantasmas y los ángeles podrían serlo; y probablemente, fue como un testimonio en contra del *docetismo* (como se llamaba esta postura) que el nacimiento virginal fue incluido en el Credo. Pero testifica con la misma fuerza en contra del *humanitarismo* (la postura de que Jesús era solo un buen hombre).

Segundo, estos dos milagros indican la libertad de Jesús del pecado. Nacido de una virgen, no heredó el quiebre culpable llamado pecado original: Su humanidad no estaba manchada y Sus actos, actitudes, motivaciones y deseos eran, en consecuencia, impecables. El Nuevo Testamento enfatiza Su impecabilidad (ver Juan 8:29, 46; Rom. 5:18 ss.; 2 Cor. 5:21; Heb. 4:15; 7:26; 1 Ped. 2:22-24; etc.). Al no tener pecado, no podía ser retenido por la muerte una vez que Su sacrificio fue hecho.

Dos historias

El Nuevo Testamento cuenta dos relatos complementarios del nacimiento virginal, a todas luces independientes, pero sorprendentemente armoniosos: la historia de José en Mateo 1 y la de María en Lucas 1 y 2. Ambos muestran todas las señales de ser una historia seria. Los historiadores antiguos, que se veían a sí mismos como artistas y moralistas, por lo general omitían la referencia a las fuentes; pero Lucas revela una gran pista que muestra que tenía el relato de María de primera mano (comp. 2:51 con 1:1-3).

Mateo y Lucas brindan dos genealogías de Jesús (Mat. 1:2-17; Luc. 3:23-38), algo que ha desconcertado a algunos, pero hay por lo menos dos maneras sencillas de armonizarlas. O Lucas detalla la genealogía de María, pero empieza con José como el padre putativo de Jesús (v. 23) porque era una práctica común declarar la descendencia a través de los varones; o Lucas traza la descendencia biológica de José como una diferente de la línea real de sucesión que Mateo parece seguir en todo momento (ver Prof. F. F. Bruce, «Genealogy of Jesus Christ» [Genealogía de Jesucristo], en *The New Bible Dictionary* [Nuevo Diccionario Bíblico] para los detalles).

Escepticismo

Durante el último siglo y medio, el escepticismo sobre el nacimiento virginal de Jesús y Su resurrección física ha sido irracionalmente intenso. Empezó como parte de una búsqueda racionalista de un cristianismo no milagroso, y aunque esa búsqueda ahora está pasada de moda (lo que es algo bueno), el escepticismo persiste, aferrándose a las mentes de los cristianos como el olor de los cigarrillos se adhiere a la habitación después de que los ceniceros han sido limpiados. Sin duda es posible (aunque no es fácil ni natural) creer en la encarnación del Hijo eterno y preexistente mientras que no se cree en los milagros de entrada y salida; mayores incoherencias se han conocido; pero es mucho más lógico (de hecho, el único camino razonable) sostener que, dado que por otros motivos reconocemos a Jesús y al Verbo hecho carne, estos dos milagros (como elementos en el milagro más grande de la vida encarnada del Hijo) no representan ninguna dificultad especial.

Ciertamente, si negamos el nacimiento virginal porque fue un milagro, por lógica también deberíamos negar la resurrección corporal de Jesús. Estos milagros están a la par y no es razonable aceptar uno de los dos mientras se rechaza el otro.

María fue virgen hasta después del nacimiento de Jesús, pero las ideas posteriores de su virginidad perpetua son en realidad, fantasiosas. Los Evangelios muestran que Jesús tenía hermanos y hermanas (Mar. 3:31; 6:3).

La frase «concebido por el Espíritu Santo, nacido de la virgen María» en el Credo da testimonio de la realidad de la encarnación, no de la gloria de la madre de Jesús. La Iglesia Católica Romana, sin embargo, ha patrocinado el desarrollo triste de la mariología (doctrina de María) entre los teólogos y la mariolatría (culto a María) entre los fieles. La mariología ve a María como corredentora, se basa en una enseñanza no bíblica que enseña que María, al igual que Jesús, nació sin pecado (la inmaculada concepción) y entró en la gloria de la resurrección inmediatamente después de la muerte (la asunción).

Pero la verdadera María, la María de las Escrituras, se veía a sí misma tan solo como una pecadora salvada. «Mi espíritu se regocija en Dios mi Salvador» (Luc. 1:47). Ella nos da un ejemplo maravilloso, no solo del privilegio (¡y del precio!) de cooperar en el plan de Dios para bendecir al mundo (ver Luc. 1:38; 2:35), sino también de una respuesta humilde a la gracia de Dios. Los padres son lentos para aceptar las verdades de sus hijos, y tristemente, Jesús mismo lo dijo en un momento: «No hay profeta sin honra, sino [...] en su casa» (Mat. 13:57); pero María y su familia, después de la incredulidad inicial (comp. Mat. 13:57; Mar. 3:20 ss.,

31-35; Juan 7:3-5), llegó a vivir la fe en Su hijo (Hech. 1:14). ¿Hemos aprendido de su ejemplo?

Estudio bíblico adicional

El nacimiento virginal:
- Mateo 1:1-25
- Lucas 1:26-56

Preguntas para la reflexión y la discusión

- ¿Qué nos indican acerca de Jesús los milagros asociados con la entrada y salida terrenal de Cristo?
- ¿Estás de acuerdo en que la actitud que uno tiene hacia el nacimiento virginal y la resurrección de Jesús debe ser la misma?
- ¿Cómo se compara la imagen bíblica de María con la tradicional dada por la Iglesia Católica Romana?

9

Sufrió bajo
Poncio Pilato

Imagine una escuela de científicos o filósofos o los miembros de un partido político repitiendo constantemente que su fundador fue ejecutado por el gobierno, ¡por ser una amenaza a la ley y el orden! Sin embargo, esto es lo que hacen los cristianos, y la cruz de Jesús es la pieza central del Credo. «Sufrió bajo Poncio Pilato, fue crucificado». Mire estas palabras en el orden inverso.

«Fue crucificado». Esta era la forma estándar de los romanos para ejecutar criminales. Decir: «Jesús fue crucificado» es como decir que fue ahorcado o fue a la silla eléctrica.

Pilato

«Bajo Poncio Pilato». Hitler será recordado como el hombre que gaseó a los judíos y Pilato, alguien que de otra manera sería un don nadie, pasa a la historia como el hombre que mató a Jesús. Bajo la ocupación romana, las autoridades judías no podían ejecutar a nadie, así que cuando sentenciaron a Jesús por confesar Su verdadera identidad como el Rey Salvador de Dios, el Cristo (pensaron que la confesión era blasfema), lo enviaron al gobernador para que él actuara.

Pilato, habiéndose lavado simbólicamente las manos en este asunto (el gesto más ridículo, quizás, de todos los tiempos), dio luz verde para el asesinato judicial, ordenando que Jesús, aunque sin culpa, muriera de todos modos para mantener a la gente feliz. Pilato vio esto como una decisión política astuta; ¿qué tan cínico podría ser?

Pasión

«Sufrió». Esta palabra no solo tiene el significado cotidiano de soportar el dolor, sino también el sentido más antiguo y amplio de ser el objeto afectado por la acción de otra persona. En el latín es *passus*; de ahí, el sustantivo «pasión». Tanto Dios como los hombres fueron agentes de la pasión de Jesús: «A este, entregado por el determinado consejo y anticipado conocimiento de Dios, prendisteis y matasteis por manos de inicuos, crucificándole» (Hech. 2:23, extracto del primer sermón de Pedro). El propósito de Dios en la cruz era tan real como lo era la culpa de quienes lo crucificaron.

¿Cuál era el propósito de Dios? Juicio sobre el pecado, en beneficio de la misericordia para los pecadores. La pérdida de la justicia humana fue la realización de la justicia divina. Jesús conoció en la cruz todo el dolor, físico y mental, que el hombre podía infligir y también la ira divina y el rechazo que mis pecados merecen; porque Él estaba allí en mi lugar, haciendo expiación por mí. «Todos nosotros nos descarriamos como ovejas […] Pero el SEÑOR hizo que cayera sobre Él la iniquidad de todos nosotros» (Isa. 53:6, NBLA).

Porque el Salvador sin pecado murió,
Mi alma pecadora es ahora libre;
Porque Dios, el Justo, está satisfecho
de mirarlo a Él y perdonarme a mí.

Propiciación

Aquí llegamos al centro del corazón, al meollo del asunto, se podría decir, del cristianismo; porque si la encarnación es su lugar santo, la expiación es ciertamente su lugar santísimo. Si la encarnación fue el milagro supremo, fue solo el primero de una serie de pasos desde el gozo y el deleite del cielo hasta el dolor y la vergüenza del Calvario (Fil. 2:5-8). La razón por la cual el Hijo de Dios se hizo hombre fue derramar Su sangre como (en palabras del *Libro de Oración*) «un sacrificio completo, perfecto y suficiente, una ofrenda satisfactoria por los pecados de todo el mundo». Dios «no escatimó ni a su propio Hijo, sino que lo entregó por todos nosotros» (Rom. 8:32): esa fue la medida de Su amor (comp. 5:5-8).

Es en los mismos términos, es decir, no de benevolencia paternal tolerante, sino de este don precioso en particular, que Juan explica lo que quiere decir con su gran y gloriosa, pero muy incomprendida, declaración: «Dios es amor». «En esto consiste el amor», explica, «no en que nosotros hayamos amado a Dios, sino en que [cuando no lo hicimos] él nos amó a nosotros, y envió a su Hijo en propiciación por nuestros pecados» (1 Jn. 4:8-10).

La cruz de Cristo tiene muchos significados. Como sacrificio por nuestros pecados, fue *propiciación* (Rom. 3:25; 1 Jn. 2:2, 4:10; comp. Heb. 2:17); es decir, un medio para apagar la ira penal que Dios tenía personalmente contra nosotros al borrar nuestros pecados de Su vista. («Expiación» en la traducción de la RVA2015 de este texto significa solo «un medio para borrar los pecados», que es una traducción inadecuada). Al ser nuestra propiciación, fue la *reconciliación*, creó paz para nosotros con nuestro Creador ofendido, alejado y enojado (Rom. 5:9-11). No somos sabios al restarle importancia a la hostilidad de Dios contra nosotros los pecadores; lo que debemos hacer es engrandecer el logro de nuestro Salvador para nosotros al desplazar la ira por la paz.

Una vez más, como nuestra reconciliación, la cruz fue *redención*, rescate de la esclavitud y la miseria mediante el pago de un precio (ver Mar. 10:45; Ef. 1:7; Rom. 3:24; Apoc. 5:9); y como redención, fue la *victoria* sobre todos los poderes hostiles que nos habían mantenido, y aún querían mantenernos, en pecado y fuera del favor de Dios (Col. 2:13-15). Todos estos ángulos deben ser explorados si queremos entender toda la verdad.

«[El] Hijo de Dios […] me amó y se entregó a sí mismo por mí»; así que «lejos esté de mí gloriarme, sino en la cruz de nuestro Señor Jesucristo» (Gál. 2:20; 6:14). Eso dijo Pablo. Gracias a Dios, puedo identificarme. ¿Puedes tú?

Estudio bíblico adicional

El significado de la cruz:

- Isaías 53
- Romanos 3:19-26
- Hebreos 10:1-25

Preguntas para la reflexión y la discusión

- ¿Cuál es el significado completo que los cristianos encuentran en la palabra «sufrió» (del latín, *passus*)?
- «Tanto Dios como los hombres fueron agentes de la pasión de Jesús». Explica esta frase.
- ¿Qué tiene que ver la muerte de Cristo con tus pecados?

10

Descendió al infierno

L a muerte ha sido llamada «la nueva obscenidad», el tema
    desagradable del que ninguna persona educada hoy en día
    quiere hablar en público. Pero la muerte, incluso cuando
es innombrable, sigue siendo ineludible. El único hecho seguro
de la vida es que un día, con o sin previo aviso, silenciosa o dolo-
rosamente, esta terminará. Entonces, ¿cómo lidiaré con la muerte
cuando llegue mi turno?

La victoria cristiana

Los cristianos sostienen que el Jesús de las Escrituras está vivo
y que aquellos que lo conocen como Salvador, Señor y Amigo
encuentran en este conocimiento un camino a través de todos
los problemas de la vida, incluso al morir. Porque «Cristo no me
conduce a través de lugares más oscuros por los que antes pasé».
Habiendo probado la muerte por sí mismo, Él puede sostenernos
mientras la probamos y llevarnos a través del gran cambio para
compartir la vida más allá de la muerte por la que Él mismo ha
pasado. La muerte sin Cristo es «el rey de los terrores», pero la
muerte con Cristo pierde el «aguijón», el poder de herir, que de
otro modo tendría.

El puritano John Preston, lo sabía. Cuando yacía moribundo,
le preguntaron si temía a la muerte, ahora que estaba tan cerca.

«No —susurró Preston—. Cambiaré mi *lugar*, pero no cambiaré mi *compañía*». Como diciendo: dejaré a mis amigos, pero no a mi Amigo, porque Él nunca me dejará.

Esta es la victoria, la victoria sobre la muerte y el miedo que trae. Es para señalar el camino hacia esta victoria que el Credo, antes de anunciar la resurrección de Jesús, declara: «descendió a los infiernos». Aunque esta cláusula no se estableció en el Credo hasta el siglo IV y, por lo tanto, no es utilizada por algunas iglesias, lo que dice es de gran importancia, como podemos ver ahora.

Hades, no Gehenna

El español es engañoso, porque la palabra «infierno» ha cambiado su significado desde que se estableció la forma en español en el Credo. En el pasado, «infierno» significaba el lugar de los difuntos como tal, el cual corresponde al *Hades* griego y al *Seol* hebreo. Eso es lo que significa aquí, cuando el Credo hace eco de la declaración de Pedro de que el Salmo 16:10, «no dejarás mi alma en el Seol» (la NVI usa «sepulcro»), fue una profecía cumplida cuando Jesús resucitó (ver Hech. 2:27-31). Pero desde el siglo XVII, «infierno» se ha utilizado para referirse solo al estado de castigo final para los impíos, para lo cual el nombre del Nuevo Testamento es *Gehenna*.

Lo que el Credo quiere decir, sin embargo, es que Jesús entró, no al *Gehenna*, sino al *Hades*; es decir, que realmente murió y que fue de una muerte genuina, no simulada, de la que resucitó.

Tal vez debería aclararse (aunque uno se abstiene de desarrollar algo tan obvio) que «descendió» *no* implica que el camino de Palestina al Hades sea hacia abajo en la tierra, ¡así como que «ascender» no implica que Jesús regresó al nivel de la superficie hasta el equivalente a un pozo de una mina! El lenguaje para el descenso se usa porque el Hades, siendo el lugar de los incorpóreos, es *menor* en valor y dignidad que la vida en la tierra, donde el cuerpo y el alma están juntos y la humanidad es en ese sentido completa.

Jesús en el Hades

«Muerto en la carne, pero vivificado en espíritu» (1 Ped. 3:18), Jesús entró en el Hades y las Escrituras nos dicen brevemente lo que hizo allí.

Primero, por Su presencia, convirtió el Hades en el paraíso (un lugar de placer) para el ladrón penitente (comp. Luc. 23:43) y con probabilidad para todos los demás que murieron confiando en Él durante Su ministerio terrenal, tal como lo hace ahora para los fieles difuntos (ver 2 Cor. 5:6-8; Fil. 1:21-23).

Segundo, perfeccionó los espíritus de los creyentes del Antiguo Testamento (Heb. 12:23; comp. 11:40), sacándolos de la oscuridad que el Seol, el «abismo», había sido hasta entonces para ellos (comp. Sal. 88:3-6, 10-12), en esta misma experiencia del paraíso. Este es el centro de la verdad en las fantasías medievales del «tormento del infierno».

Tercero, 1 Pedro 3:19 nos dice que Él «predicó» (quizás de Su reino y de Su designación como Juez del mundo) a los «espíritus encarcelados» que se habían rebelado en tiempos previos al diluvio (quizás a los ángeles caídos de 2 Pedro 2:4 ss., que también son los «hijos de Dios» de Génesis 6:1-4). Algunos han basado en este texto la esperanza de que a todos los seres humanos que no escucharon el evangelio en esta vida, o que lo oyeron y lo rechazaron, se les predique la salvación en la vida venidera, pero las palabras de Pedro no proporcionan la menor justificación para esa inferencia.

Sin embargo, lo que hace que la entrada de Jesús en el Hades sea importante para nosotros no es nada de esto, sino tan solo que ahora podemos enfrentar la muerte sabiendo que, cuando llegue, no estaremos solos. Él ha estado allí antes que nosotros y nos acompañará a atravesarla.

Estudio bíblico adicional

La actitud del cristiano hacia la muerte:
- Filipenses 1:19-26
- 2 Corintios 5:1-10
- 2 Timoteo 4:6-18

Preguntas para la reflexión y la discusión

- Defina y diferencie los términos bíblicos Hades, Seol, Gehenna.
- ¿Cómo sabemos que la experiencia de Cristo de la muerte fue genuina? ¿Cuál es la importancia de este hecho?
- ¿Qué diferencia hay si enfrentamos la muerte con Cristo o sin Él?

11

Al tercer día

Imaginemos que Jesús, habiendo muerto en la cruz, hubiera permanecido muerto. Supongamos que, como Sócrates o Confucio, ahora no fuera más que un hermoso recuerdo. ¿Importaría? Todavía tendríamos Su ejemplo y enseñanza, pero ¿serían suficientes?

La resurrección de Jesús es crucial

¿Suficiente para qué? Ciertamente no para el cristianismo. Si Jesús no hubiera resucitado, sino que hubiera permanecido muerto, el cristianismo no tendría fundamento, porque cuatro cosas serían ciertas.

Primero, para citar a Pablo en 1 Corintios 15:17: «Si Cristo no resucitó, vuestra fe es vana; aún estáis en vuestros pecados».

Segundo, tampoco hay esperanza para nuestra resurrección; entonces también debemos esperar permanecer muertos.

Tercero, si Jesucristo no ha resucitado, entonces Él no está reinando y no regresará, y cada elemento en el Credo después de «sufrió y fue sepultado» tendrá que ser eliminado.

Cuarto, el cristianismo no puede ser lo que los primeros cristianos pensaron que era: comunión con un Señor viviente que es el mismo Jesús de los Evangelios. El Jesús de los Evangelios todavía puede ser tu héroe, pero no puede ser tu Salvador.

Un hecho de la historia

Para mostrar que ve la resurrección de Jesús como un hecho de la historia, el Credo en realidad lo cronometra: «el tercer día», contando inclusive (en la forma antigua) desde el día en que Jesús fue «crucificado bajo Poncio Pilato» aproximadamente en 30 a. C. En ese mismo día, en Jerusalén, capital de Palestina, Jesús volvió a la vida y dejó la tumba de roca y la muerte fue conquistada para siempre.

¿Podemos estar seguros de que sucedió? La evidencia es sólida. La tumba estaba vacía y nadie podía dar cuenta del cuerpo. Durante más de un mes después, los discípulos siguieron encontrándose con Jesús vivo, siempre de forma inesperada, por lo general en grupos (de 2 a 500 personas). ¡Las alucinaciones no ocurren de esta manera!

Los discípulos, por su parte, estaban seguros de que el Cristo resucitado no era una fantasía y proclamaron sin descanso Su resurrección frente al ridículo, la persecución e incluso la muerte, una forma muy efectiva de aplastar el rumor malicioso de que robaron el cuerpo de Jesús (comp. Mat. 28:11-15).

La experiencia colectiva de la Iglesia cristiana a lo largo de diecinueve siglos coincide con la creencia de que Jesús resucitó, porque el Señor resucitado en verdad «camina conmigo y habla conmigo por el camino angosto de la vida» y la comunión con Él pertenece a la conciencia cristiana básica de la realidad.

Ninguna de estas evidencias tiene sentido, excepto si se supone que Jesús realmente resucitó.

Bien podría el profesor C. F. D. Moule pronunciar su desafío: «Si la llegada a la existencia de los nazarenos, un fenómeno innegablemente atestiguado en el Nuevo Testamento, hace un gran agujero en la historia, un agujero del tamaño y la forma de la resurrección, ¿con qué propone el historiador secular detenerlo?». El efecto histórico real es inconcebible sin la resurrección de Jesús como su causa histórica objetiva.

Frente a la evidencia

Un cristiano en el debate público acusó a su oponente escéptico de tener más fe que él, «porque, frente a la evidencia, no puedo creer que Jesús no resucitó, ¡y tú sí puedes!», declaró. Realmente es más difícil no creer en la resurrección que aceptarla; mucho más difícil. ¿Ya lo ha visto así? Creer en Jesucristo como Hijo de Dios y Salvador viviente y hacerse eco de las palabras del exincrédulo Tomás —«Mi Señor y mi Dios»— es sin duda más que un ejercicio de la razón, pero frente a la evidencia, es la única cosa *razonable* que una persona puede hacer.

Lo que significa la resurrección de Jesús

¿Cuál es la trascendencia de la resurrección de Jesús? En una palabra, marcó a Jesús como Hijo de Dios (Rom. 1:4); vindicó Su justicia (Juan 16:10); demostró Su victoria sobre la muerte (Hech. 2:24); garantizó el perdón y la justificación del creyente (1 Cor. 15:17; Rom. 4:25) y Su propia resurrección futura también (1 Cor. 15:18); y lo lleva a la realidad de la vida de resurrección ahora (Rom. 6:4). ¡Maravilloso! Se podría hablar de la resurrección de Jesús como la cosa más esperanzadora que jamás haya sucedido ¡y estaríamos en lo cierto!

Estudio bíblico adicional

La resurrección de Jesús:
• Juan 20:1-18
• 1 Corintios 15:1-28

Preguntas para la reflexión y la discusión

• ¿Cómo sería diferente el cristianismo si Cristo no hubiera resucitado?
• ¿Qué evidencia hay de la resurrección de Jesús?
• ¿Por qué Packer habla de creer que Cristo resucitó como «la única cosa razonable que una persona puede hacer»? ¿Estás de acuerdo?

12

Ascendió al cielo

«**A**scendió» hace eco de las palabras «Yo subo» de Jesús (Juan 20:17; comp. 6:62). «Al cielo» hace eco de las palabras de los ángeles en la historia de la ascensión cuando dijeron: «Llevado de entre ustedes al cielo» (Hech. 1:11, NVI). Pero ¿qué es el «cielo»? ¿Es el cielo físico o el espacio exterior? ¿El Credo quiere decir que Jesús fue el primer astronauta? No, tanto el Credo como la Biblia están refiriéndose a otro tema.

Lo que el cielo significa

La palabra «cielo» en la Biblia tiene tres significados: 1. La vida interminable y autosuficiente de Dios. En este sentido, Dios siempre habitó «en el cielo», incluso cuando no había tierra. 2. El estado en el que los ángeles y los hombres comparten la vida de Dios, ya sea en el anticipo ahora o después en la plenitud. En este sentido, la recompensa, el tesoro y la herencia del cristiano están «en el cielo» y el cielo es el resumen de la esperanza final del cristiano. 3. El cielo que está por encima de nosotros y es más como el infinito que cualquier otra cosa que conozcamos, es un símbolo en el espacio y el tiempo de la vida eterna de Dios, así como el arcoíris es un símbolo de Su pacto eterno (ver Gén. 9:8-17).

   La Biblia y el Credo proclaman que, en la ascensión, cuarenta días después de Su resurrección, Jesús entró en el cielo (en el segundo significado), en una forma nueva y trascendental: desde entonces, «está sentado a la diestra de Dios Padre todopoderoso», gobernando todas las cosas en el nombre de Su Padre y con la omnipotencia de Su Padre para el bien prolongado de Su pueblo. «A la diestra de Dios» no significa un lugar suntuoso, sino una función de la realeza (ver Hech. 2:33 ss.; Rom. 8:34; Ef. 1:20 ss.; Heb. 1:3,13; 10:12 ss.; 12:2). Él «subió por encima de todos los cielos»; es decir, volvió a entrar en Su vida preencarnada, una vida sin restricciones por lo creado, «para llenarlo todo»; es decir, hacer efectivo Su poder real en todas partes; ver Ef. 4:10). «Ascendió» es, por supuesto, una palabra ilustrada que implica exaltación («¡hacia arriba!») a una condición de dignidad y poder supremo.

La ascensión

Lo que sucedió en la ascensión, entonces, no fue que Jesús se convirtiera en un astronauta, sino que a Sus discípulos se les mostró una señal, al igual que en la transfiguración. Como dijo C. S. Lewis: «Vieron primero un movimiento vertical corto y luego una vaga luminosidad (eso es lo que con probabilidad significa "nube"...) y luego nada». En otras palabras, el retiro final de Jesús de la vista humana, para gobernar hasta que regrese a juzgar, fue presentado ante los ojos externos de los discípulos como un ascenso al cielo en el tercer significado. Esto no debería desconcertarnos. Su retirada tenía que ocurrir de alguna manera, y subir, bajar o ir hacia los lados, no aparecer o desaparecer de repente eran las únicas formas posibles. ¿Cuál sería la forma que mostraría con más claridad que Jesús de ahora en adelante reina en gloria? Eso se responde solo.

Así que el mensaje de la historia de la ascensión es: «¡Jesús el Salvador reina!».

Nuestros corazones en el cielo

En un mundo agobiado donde los filósofos sombríos aconsejaban el suicidio como la mejor opción del hombre, el optimismo inquebrantable y alegre de los primeros cristianos, que se seguían sintiendo en la cima del mundo a pesar de que el mundo parecía estar encima de ellos, causó una gran impresión. (¡Todavía lo hace, cuando los cristianos son lo suficientemente cristianos como para demostrarlo!). Tres certezas eran —y son— su secreto.

La primera se refiere al *mundo* de Dios. Ahora Cristo realmente lo gobierna, ha ganado una victoria decisiva sobre los poderes oscuros que lo habían dominado y la manifestación de este hecho es solo cuestión de tiempo. La guerra de Dios contra Satanás es ahora como un juego de ajedrez en el que el resultado es seguro pero el jugador perdedor aún no se ha rendido, o como la última etapa de los enfrentamientos humanos en el que los contraataques del enemigo derrotado, aunque feroces y frecuentes, no pueden tener éxito y son abordados en la estrategia del vencedor que lidia con los últimos enemigos que quedan. Uno desearía que nuestro cálculo de fechas «a. C.» (antes de Cristo), que empieza (aunque quizás unos años más tarde) con el nacimiento de Jesús, se hubiera calculado a partir del año de la cruz, la resurrección y la ascensión; porque fue entonces cuando el señorío de Jesús se convirtió en el hecho cósmico que hoy es.

La segunda certeza se refiere al *Cristo* de Dios. Es que nuestro Señor que reina «intercede» por nosotros (Rom. 8:34; Heb. 7:25), en el sentido de que aparece «en la presencia de Dios» como nuestro «abogado» (Heb. 9:24; 1 Jn. 2:1) para garantizar que recibamos «gracia para el oportuno socorro» en nuestra necesidad (Heb. 4:16) y así seamos guardados hasta el final en el amor de Dios (comp. la promesa del Buen Pastor en Juan 10:27-29). «Interceder» no denota una súplica que hace recurrir a la caridad, sino la intervención de alguien que tiene el derecho soberano y el poder de hacer solicitudes y tomar medidas en interés de otro. Se dice con certeza que la presencia y la vida de nuestro Señor en el cielo como el rey y sacerdote en el trono (nuestra propiciación, por así decirlo, en persona), es en sí misma Su intercesión: el solo hecho de que Él esté allí garantiza toda gracia para nosotros y también gloria.

Una canción del siglo XVIII coloca esta certeza en palabras que hacen saltar el corazón:

El amor te llevó a morir;
Y en esto confío,
Mi Salvador me ha amado, no puedo decir por qué:
Pero esto sé,
Que estamos tan unidos
Que Él no me abandonará estando en gloria.

La tercera certeza se refiere al *pueblo* de Dios. Es un tema de experiencia dada por Dios, así como de entendimiento enseñado por Dios. Es que los cristianos disfrutan aquí y ahora de una vida oculta de comunión con el Padre y el Hijo que nada, ni siquiera la muerte misma, puede tocar, porque es la vida del mundo venidero que ya ha empezado, la vida del cielo probada aquí en la tierra. La explicación de esta experiencia, que todo el pueblo de Dios conoce en cierta medida, es que los creyentes en realidad han pasado por la muerte (no como un evento físico, sino como un evento personal y mental) a la vida eterna que se encuentra más allá. «Porque habéis muerto, y vuestra vida está escondida con Cristo en Dios» (Col. 3:3; comp. 2:12; Rom. 6:3, 4). Dios «aun estando nosotros muertos […] nos dio vida juntamente con Cristo […] y juntamente con él nos resucitó, y asimismo nos hizo sentar en los lugares celestiales con Cristo Jesús» (Ef. 2:5 ss.).

La oración usada en el Día de la Ascensión en el *Libro de Oración Común* de los anglicanos, ora a Dios para que «conceda […] que, así como nosotros creemos que tu Hijo unigénito nuestro Señor Jesucristo ha ascendido a los cielos; también nosotros podamos ascender en corazón y mente y con Él morar continuamente». Que, en el poder de estas tres certezas, podamos hacerlo.

Estudio bíblico adicional

* El significado de la ascensión:
* Hechos 1:1-11
* Efesios 1:15–2:10

Preguntas para la reflexión y la discusión

* ¿En qué sentido ascendió Jesús al cielo?
* ¿Para qué regresó?
* ¿Qué está haciendo Cristo ahora? ¿Qué importancia tiene este ministerio celestial para nosotros?

13

Desde allí vendrá

El corazón del Credo está en el testimonio del pasado, presente y futuro de Jesucristo: Su nacimiento, muerte, resurrección y ascensión en el pasado; Su reinado ahora y Su venida en un tiempo futuro para juzgar. Con Su venida, la Escritura nos dice que vendrá nuestra resurrección corporal y la vida plena y eterna de la que habla el Credo. Entonces un nuevo orden cósmico también empezará. Se acerca un gran día. (Ver Mat. 25:14-46; Juan 5:25-29; Rom. 8:18-24; 2 Ped. 3:10-13; Apoc. 20:11–21:4).

La esperanza del cristiano

En ninguna otra parte del Credo se ve su fortaleza con más claridad que cuando se ve como una declaración de vida. En el mundo de hoy, el pesimismo prevalece porque las personas no tienen esperanza. Solo anticipan la bomba o la bancarrota o una vejez sin fuerzas, nada que valga la pena. Los comunistas y los Testigos de Jehová atraen a las personas ofreciéndoles esperanzas prometedoras del cielo en la tierra; por un lado, la revolución y por el otro el Armagedón; pero los cristianos tienen una esperanza que eclipsa a ambos, la esperanza de la cual el Sr. Firme, de la obra de Bunyan, dijo: «Los pensamientos que [...] pondré como un carbón resplandeciente en mi corazón». El Credo resalta esta esperanza cuando declara que Él «vendrá».

En cierto sentido, Cristo vino por todos los cristianos cuando murió, pero el Credo apunta al día en el que Él vendrá públicamente para terminar Su historia y juzgar a todos los hombres: a los cristianos, como cristianos, quienes ya han sido aceptados, quienes han recibido una «recompensa gratuita comprada con sangre» y esperan de acuerdo con la plenitud de la fe de su servicio; a los rebeldes, como rebeldes, para ser rechazados por el Maestro a quien rechazaron primero. Los juicios de Jesús, el «juez justo» (2 Tim. 4:8; comp. Rom. 2:5-11), no plantearán problemas morales.

Cierto y glorioso

Algunos piensan que nunca sucederá, pero tenemos la Palabra de Dios para ello. Los científicos serios ahora nos dicen que es una posibilidad real que el fin de nuestro mundo llegue a través de una catástrofe nuclear o ecológica. La venida de Cristo es inimaginable, pero la imaginación del hombre no está a la altura del poder de Dios; y el Jesús que está espiritualmente presente para millones de forma simultánea ahora, con seguridad se hará visiblemente presente a la humanidad resucitada aquel día. No sabemos cuándo vendrá (por lo que siempre debemos estar listos), ni cómo vendrá (¿por qué no en la explosión de una bomba?), pero «sabemos que cuando él se manifieste, seremos semejantes a él, porque le veremos tal como él es» (1 Jn. 3:2), ¡y eso es suficiente conocimiento! «Ven, Señor Jesús» (Apoc. 22:20).

Eclipsado

La esperanza del regreso de Cristo emocionó a los cristianos del Nuevo Testamento, como lo atestiguan más de 300 referencias en los documentos; en promedio, uno cada trece versículos. ¡Pero para nosotros es vergonzoso en lugar de ser emocionante! Años atrás se decía que el Espíritu Santo era el olvidado del Credo; hoy en día eso se ajusta mucho más al regreso de Cristo. ¿Por qué está así de eclipsado? Por cuatro razones principales, al parecer.

Primero, este es un tiempo de *reacción* a un siglo y medio de intenso estudio profético que expresa un espíritu pesimista y sin oración en la iglesia y el desapego del mundo que observa la fatalidad. Este espíritu y el dogmatismo que lo acompañó respecto a las señales y la fecha de la venida de Cristo (ia pesar de Marcos 13:32 y Hechos 1:7!) fueron bastante injustificables y le han dado al tema mala fama.

En segundo lugar, este es un tiempo de *escepticismo* en cuanto a si Cristo ascendió personal y físicamente, y esto genera naturalmente inseguridad y hace dudar de si es que podemos esperar verlo de nuevo algún día.

En tercer lugar, este es un tiempo de *apocamiento*, en el que los cristianos, mientras cuestionan la autosuficiencia materialista del secularismo occidental y las ideologías marxistas, dudan en desafiar su preocupación «mundana» para que no se diga que a los cristianos no les importa la justicia social y económica. Así que se minimiza el hecho de que Cristo terminará con este mundo y que la mejor parte de la esperanza cristiana está más allá de él.

Cuarto, este es un tiempo de *mentalidad mundana*, al menos entre los cristianos prósperos de Occidente. Pensamos cada vez menos en las mejores cosas que Cristo nos traerá en Su reaparición, porque nuestros pensamientos están cada vez más absorbidos por las cosas buenas que disfrutamos aquí. Nadie le desearía persecución o miseria a otro, pero ¿quién puede negar que en esta época podrían hacernos bien?

Las cuatro actitudes son perjudiciales e indignas. Dios nos ayude a trascenderlas.

Prepárate

«Estad preparados», dijo el Salvador a Sus discípulos, «porque el Hijo del Hombre vendrá a la hora que no pensáis» (Mat. 24:44). ¿Cómo puede uno prepararse y estar listo? Rindiéndole cuentas a Dios y a los hombres, tomando la vida un día a la vez, como Jesús nos dijo que hiciéramos (Mat. 6:34), y prestando atención al consejo del himno del obispo Ken: «Vive cada día como si fuera el último». Presupuesta y planifica para una vida de regular duración, pero en espíritu está preparado y listo para irte en cualquier momento. Esto debe ser parte de nuestra disciplina devocional diaria. Cuando el Señor venga, Él debe encontrar a Su pueblo orando por avivamiento y planeando la evangelización alrededor del mundo, pero preparado y listo para partir. Si los Boy Scouts pueden aprender a vivir de manera realista el lema «Siempre listo» para cualquier suceso común que pueda ocurrir, ¿por qué los cristianos son tan lentos para aprender la misma lección con relación al evento trascendental del regreso de Cristo?

Estudio bíblico adicional

La actitud del cristiano ante el regreso de Cristo:
- Lucas 12:35-48
- 1 Tesalonicenses 4:13–5:11
- 2 Pedro 3

Preguntas para la reflexión y la discusión

- ¿De qué manera el futuro regreso de Cristo es motivo de esperanza?
- Cuando Cristo regrese, ¿qué hará? ¿Cómo reaccionas al saber esto?
- ¿Qué es lo que no nos dice la Biblia sobre el regreso de Cristo? ¿Por qué crees que Dios retiene esta información?

14

Creo en el Espíritu Santo

«Creo en el Espíritu Santo»: así empieza el tercer párrafo del Credo. De la obra creadora del Padre y la obra de rescate del Hijo, nos lleva a la obra recreadora del Espíritu, mediante la cual realmente somos hechos nuevos en y a través de Cristo. Así escuchamos de la *iglesia* (nueva comunidad), el *perdón* (nueva relación), la *resurrección* (nueva existencia) y la *vida eterna* (nueva plenitud). Pero primero viene una profesión de fe en el Espíritu mismo.

El Espíritu de Cristo

Él es divino (es lo que significa «santo»). Es una persona activa, es aquel que ejecuta en la Deidad. Sí, pero ¿hace y apunta a qué? La incredulidad abunda aquí. Algunos asocian el Espíritu con estados místicos e inspiraciones artísticas, tanto cristianas como paganas. Otros vinculan al Espíritu solo con experiencias cristianas inusuales: sentirse «eufórico» (para usar una palabra del mundo), buscar visiones, recibir revelaciones, hablar en lenguas, sanar. Pero estos son elementos secundarios de la obra del Espíritu, que derivan del Espíritu.

El Antiguo Testamento menciona al Espíritu en relación con la creación, tanto divina (Gén. 1:2) como humana (Ex. 31:1-6); con la inspiración de los portavoces de Dios (Isa. 61:1; el Credo de Nicea declara que el Espíritu «habló a través de los profetas»); con el equipamiento y la capacitación a los siervos de Dios (jueces, reyes, etc.; por ejemplo, Jue. 13:25; 14:19; Isa. 11:2; Zac. 4:6); y con la suscitación de un carácter piadoso en los individuos y en la comunidad (Sal. 51:11; Ezeq. 36:26 ss.; 37:1-14; Zac. 12:10). Todo esto adquiere un significado más profundo en el Nuevo Testamento, donde el Espíritu se muestra como un agente personal distinto del Padre y del Hijo y se habla de Él como el Espíritu de Cristo (Rom. 8:9, 1 Ped. 1:11).

La clave para entender el punto de vista del Nuevo Testamento de la obra del Espíritu es ver que Su propósito es idéntico al del Padre; es decir, que el Hijo reciba la gloria y la alabanza. Por lo tanto:

Primero, el Espíritu sirvió al Hijo a lo largo de Su vida terrenal desde el momento en que, como dice el Credo, fue «engendrado, del Espíritu Santo» (Mat. 1:20). El descenso del Espíritu como una paloma sobre Él en Su bautismo mostró no solo que Él era el dador del Espíritu, sino también que Él mismo estaba lleno del Espíritu (Luc. 4:1; comp. vv. 14, 18). Fue «mediante el Espíritu eterno» que se ofreció a sí mismo en sacrificio por nosotros (Heb. 9:14).

Segundo, el Espíritu ahora actúa como el agente de Jesús: «otro Consolador» (ayudante, apoyo, defensor, motivador). Él nos muestra a Jesús a través del evangelio, nos une a Él por fe y mora en nosotros para transformarnos «a su semejanza», haciendo que «el fruto del Espíritu» crezca en nosotros (2 Cor. 3:18, NVI; Gál. 5:22 ss.).

«Él me glorificará [no a sí mismo], porque tomará de lo mío, y os lo hará saber» (Juan 16:14). Las palabras de Jesús indican el carácter humilde del Espíritu; Él funciona como un reflector que apunta a Cristo, de modo que es Cristo, no el Espíritu, a quien vemos. En el mensaje del evangelio, Jesús se presenta ante nosotros en todo momento, diciendo: «Vengan a mí; síganme». Al escuchar el evangelio con el oído interno de la fe, en nuestra conciencia, es como si el Espíritu estuviera de pie detrás de nosotros, apuntando el reflector sobre nuestro hombro hacia Jesús y constantemente nos exhorta diciendo: «Ve a Él; relaciónate con Él». Así lo hacemos y es esto lo que hace que nuestra vida sea cristiana.

Testimonio y ministerio

El Espíritu es *testigo* y *maestro* (1 Jn. 5:7; 2:27; comp. 4:2 ss.) en la medida en que, primero, nos convence de que el Jesús del evangelio, el Cristo del Nuevo Testamento, realmente existe y es lo que es «para nosotros los hombres y para nuestra salvación». Segundo, nos asegura que como creyentes somos hijos de Dios y herederos con Cristo (Rom. 8:16 ss.). Tercero, nos mueve a dar testimonio del Cristo cuyo testimonio nos llevó a conocer (comp. Juan 15:26). Lo que el Espíritu testifica no es la revelación privada de algo que hasta ahora no se había revelado, sino la recepción personal del testimonio público de Dios que estuvo «allí» todo el tiempo en las Escrituras, pero que no fue escuchado. Pablo está describiendo la obra de testimonio del Espíritu cuando habla de tener «iluminados los ojos del corazón» (Ef. 1:18, NVI).

Tercero, el Espíritu da a cada cristiano uno o más dones (es decir, capacidades para expresar a Cristo al servir a Dios y al hombre), para que la «diversidad de ministerios» en la iglesia, que es el cuerpo de Cristo, pueda ser una realidad (1 Cor. 12:4-7; Ef. 4:11-16). Este ministerio múltiple es en sí mismo el ministerio de Cristo que continúa desde el cielo, a través de nosotros como Sus manos, pies y boca; y la concesión de dones por parte del Espíritu debe verse como un servicio y glorificación adicionales de Cristo de Su parte, en la medida en que es el medio por el cual el ministerio personal de Cristo a los hombres puede continuar.

Señales del Espíritu

¿Cuáles son, entonces, las señales de que el Espíritu humilde de Cristo está obrando? Ni raptos místicos, ni visiones o supuestas revelaciones, ni siquiera sanidades, lenguas y milagros aparentes; porque Satanás, jugando con nuestra complejidad psicosomática y nuestra caída, puede producir todas estas cosas (comp. Col. 2:18; 2 Tes. 2:9 ss.). Las únicas señales seguras son que al Cristo de la Biblia se lo reconoce, se confía en Él, se lo ama por Su gracia y se lo sirve para Su gloria, y que los verdaderos creyentes se convierten de la vida de pecado a la vida de santidad que es la imagen de Cristo en Su pueblo (comp. 1 Cor. 12:3; 2 Cor. 3:17). Estos son los criterios por los cuales debemos juzgar, por ejemplo, el moderno «renacimiento carismático» y la ciencia cristiana (llegando, quizás, a conclusiones diferentes en cada caso).

Entonces, cuando digo, como cristiano, «creo en el Espíritu Santo», lo que quiero decir debe ser, primero, que creo que la comunión personal, a través del espacio y el tiempo, con el Cristo vivo del Nuevo Testamento es una realidad que he encontrado a través del Espíritu; segundo, que estoy dispuesto a ser guiado por el Espíritu, que ahora mora en mí, al conocimiento, a la obediencia y al servicio cristiano, y espero ser guiado así cada día; y, tercero, que lo bendigo por ser el autor de mi garantía de que soy un hijo y heredero de Dios. ¡Verdaderamente, es algo glorioso creer en el Espíritu Santo!

Estudio bíblico adicional

El ministerio del Espíritu:
• Juan 7:37-39; 14:15-26; 16:7-15
• Romanos 8:1-17

Preguntas para la reflexión y la discusión

• ¿En qué se diferencia la obra del Espíritu de la del Padre y del Hijo?
• ¿Qué hace el Espíritu Santo como «agente de Jesús»?
• ¿Qué le dirías a un cristiano profeso que duda de haber experimentado alguna vez el ministerio del Espíritu Santo?

15

La santa
Iglesia católica

Es por teología lógica y estricta que el Credo confiesa la fe en el Espíritu Santo antes de pasar a la Iglesia, y que habla de la Iglesia antes de mencionar la salvación personal (el perdón, la resurrección y la vida eterna). Porque, aunque el Padre y el Hijo han amado a la Iglesia y el Hijo la ha redimido, es el Espíritu Santo quien realmente la crea, despertando la fe; y es en la Iglesia, a través de su ministerio y comunión, que la salvación personal normalmente puede disfrutarse.

Lamentablemente, vemos que en este punto los caminos se separan. Tanto los católicos romanos como los protestantes pronuncian el Credo, pero están divididos. ¿Por qué? Pues debido a las interpretaciones discrepantes de «creo en la santa Iglesia católica», «una santa Iglesia católica y apostólica», como lo dice el verdadero texto del Credo de Nicea.

Los romanos contra los protestantes

La enseñanza católica romana oficial presenta a la iglesia de Cristo como el *único* cuerpo organizado de personas bautizadas que están en comunión con el papa y reconocen la enseñanza y la autoridad gobernante de la jerarquía episcopal. Es *santa* porque produce personas santas que se guardan del pecado radical; es *católica* porque en su expansión mundial tiene la fe plena que es confiable para todos; y *apostólica* porque sus órdenes ministeriales provienen de los apóstoles, y su fe (incluidos elementos no bíblicos como la asunción de María y su inmaculada concepción, el sacrificio de la misa y la infalibilidad papal) es un crecimiento sólido desde las raíces apostólicas. Los que no son romanos, aunque sean similares a la Iglesia, no son estrictamente parte de la Iglesia en lo absoluto.

Los protestantes cuestionan esto en la Biblia. En las Escrituras (según dicen), la Iglesia es la *única* comunidad mundial de personas creyentes cuya cabeza es Cristo. Es *santa* porque está consagrada a Dios (aunque es capaz, sin embargo, de pecar con gravedad); es *católica* porque abarca a todos los cristianos en todas partes; y es *apostólica* porque busca mantener pura la doctrina de los apóstoles. El papa, la jerarquía y las doctrinas extrabíblicas no son solo no esenciales, sino que en realidad son deformantes; si Roma es una iglesia (lo que algunos reformadores dudaban) lo es a pesar de los extras, no por ellos. En particular, la infalibilidad pertenece a Dios que se revela en la Biblia, no a la Iglesia, ni a ninguno de sus miembros, y cualquier enseñanza dada en o por la Iglesia debe estar abierta a la corrección por «la Palabra escrita de Dios».[1]

Algunos protestantes han tomado la cláusula «la comunión de los santos» que sigue a «la santa Iglesia católica» como la aclaración del mismo Credo de lo que es la Iglesia; es decir, cristianos en comunión unos con otros, solo eso, sin tener en cuenta ninguna estructura jerárquica en particular. Pero es usual tratar esta frase para afirmar la unión real en Cristo de la Iglesia «militante aquí en la tierra» con la Iglesia triunfante, como se indica en Hebreos 12:22-24; y puede ser que la cláusula en el original estuviera destinada a referirse a la *comunión en cosas santas* (la Palabra, el sacramento, la adoración, las oraciones) y establecer el sentido verdadero, pero diferente, de que en la Iglesia hay una participación real en la vida de Dios. La postura «espiritual» de la Iglesia como una comunión antes de ser una institución puede, sin embargo, ser confirmada por las Escrituras sin apelar a esta frase, cualquiera que haya sido su sentido.

El Nuevo Testamento

Que el Nuevo Testamento presenta la postura protestante difícilmente está en discusión (¡la discusión es si el Nuevo Testamento es definitivo!). La Iglesia aparece en relaciones trinitarias, como la familia de Dios el Padre, el cuerpo de Cristo el Hijo y el templo (morada) del Espíritu Santo, y mientras se administren los sacramentos dominicales y se ejerza la supervisión ministerial, no se insiste en ninguna norma organizativa en absoluto. La Iglesia es la sociedad sobrenatural del pueblo redimido y bautizado de Dios, mirando hacia atrás, a la primera venida de Cristo con gratitud y a Su segunda venida con esperanza. «Vuestra vida está escondida con Cristo en Dios. Cuando Cristo, vuestra vida, se manifieste, entonces vosotros también seréis manifestados con él en gloria» (Col. 3:3 ss.). Ese es el estado presente y la expectativa de la Iglesia. A esta esperanza apuntan ambos sacramentos; el bautismo prefigura la resurrección final, la Cena del Señor anticipa «la cena de las bodas del Cordero» (Apoc. 19:9).

Por el momento, sin embargo, todas las iglesias (como las de Corinto, Colosas, Galacia y Tesalónica, por mencionar algunas) son propensas a errar tanto en la fe como en la moral y necesitan una constante corrección y reforma en todos los niveles (intelectual, devocional, estructural, litúrgico) por el Espíritu a través de la Palabra de Dios.

La teología evangélica del avivamiento, explicada por primera vez en los siglos XVII y XVIII y el surgimiento actual del «renacimiento carismático» a escala mundial, nos recuerda algo que los contendientes católicos romanos y protestantes, en su concentración en la verdad doctrinal, solían pasar por alto; es decir, que la Iglesia siempre debe estar abierta a la inmediatez del señorío del Espíritu y ese vigor desordenado en una congregación es infinitamente mejor que una muerte correcta y ordenada.

La iglesia local

La prueba de fuego de la condición de la Iglesia es lo que ocurre en la congregación local. Cada congregación es una revelación visible de la única Iglesia universal, llamada a servir a Dios y a los hombres con humildad y, tal vez, humillación mientras se vive en la expectativa de gloria. Llena del Espíritu para la adoración y el testimonio, activa en el amor y el cuidado de los de adentro y de afuera por igual, autosuficiente y autopropagada, cada congregación debe encabezar el contraataque divino para recuperar un mundo rebelde.

A propósito, ¿cómo le va a tu congregación?

Nota:

[1]Artículo XX anglicano.

Estudio bíblico adicional

La naturaleza y el destino de la Iglesia:
- 1 Pedro 2
- Efesios 2:11–4:16

Preguntas para la reflexión y la discusión

- ¿Cuál es la diferencia entre el uso católico romano y el protestante sobre el Nuevo Testamento? ¿Cómo afecta esto el concepto que cada uno tiene de la iglesia?
- ¿Cómo define Packer «la comunión de los santos»? ¿Estás de acuerdo con lo que dice? ¿Por qué sí o por qué no?
- ¿Cuál es la función de una iglesia cristiana local en relación con la Iglesia universal?

16

El perdón de pecados

¿Qué son los *pecados*? El pecado, dice el Catecismo Menor de Westminster, es «cualquier falta de conformidad o transgresión de la ley de Dios». Esto hace eco de 1 Juan 3:4: «El pecado es infracción de la ley». También tiene otros aspectos. Es desenfreno en relación con Dios como legislador, rebelión en relación con Dios como gobernante justo, es no hacer lo que debíamos hacer en relación con Dios como nuestro diseñador, culpa en relación con Dios como juez e impureza en relación con Dios como el Santo.

El pecado es la perversidad en nosotros, en cada momento de nuestras vidas. Aparte de Jesucristo, ningún otro ser humano se ha librado de su contaminación. Lo vemos en los deseos como en las obras, también en las motivaciones, así como en las acciones. El *Libro de Oraciones Anglicano* con razón enseña que: «Hemos perseguido mucho las motivaciones y deseos de nuestros propios corazones [...]. Hemos dejado de hacer las cosas que deberíamos haber hecho y hemos hecho las cosas que no deberíamos haber hecho y (espiritualmente) no hay salud en nosotros».

El pecado es un problema que todos tenemos ante los ojos de Dios, porque «muy limpio [es Dios] de ojos para ver el mal» y no puede «ver el agravio» (Hab. 1:13). Pero nos encontramos con que la vida es, hablando en términos morales, un campo minado para nosotros; y cuanto más tratamos de evitar el pecado, con más frecuencia encontramos, a veces muy tarde, que hemos caminado como no debíamos y hemos destrozado el amor que se nos ha requerido hacia Dios y hacia nuestro prójimo. ¿Y dónde nos deja eso? «Porque la ira de Dios se revela desde el cielo contra toda impiedad e injusticia de los hombres» (Rom. 1:18).

La buena noticia, sin embargo, es esta: los pecados pueden ser perdonados. El centro del evangelio es el glorioso «pero» del Salmo 130:4 (NBLA): «Señor, si Tú tuvieras en cuentas las iniquidades, ¿quién, oh Señor, podría permanecer? *Pero* en Ti hay perdón, para que seas temido», es decir, adorado con lealtad (porque eso es lo que significa *temor* de Dios).

Vital y real

El perdón es indulto en un marco personal. Es amistarse con aquellos que atentaron contra ti, te lastimaron y están mal contigo. Es *compasivo* (mostrar bondad inmerecida hacia el malhechor), *creativo* (renovar la relación que se estropeó) e, inevitablemente, *còstoso*. El perdón de Dios es el ejemplo supremo de esto, porque es Dios en amor restaurando la comunión a través del costo de la cruz.

Si nuestros pecados fueran imperdonables, ¿dónde deberíamos estar? Tener una mala conciencia es la experiencia universal más miserable. Ningún cambio externo la alivia; te acompaña mientras estás despierto. Cuanto más consciente seas, más te perseguirá tu conocimiento de haber fallado a otros y a Dios también. Sin perdón, no tendrás paz. Una mala conciencia en su máxima expresión, que te destruye por completo en el nombre de Dios, es realmente un infierno, tanto aquí como en el más allá.

Lutero lo sabía

Un hombre angustiado por el pecado le escribió a Lutero. El reformador, que había sufrido largas agonías por este problema, respondió: «Aprende a conocer a Cristo y a Él crucificado. Aprende a cantarle y decirle: Señor Jesús, tú eres mi justicia, yo soy tu pecado. Tomaste sobre ti lo que era mío; pusiste en mí lo que era tuyo. Te convertiste en lo que no eras para que yo pudiera convertirme en lo que no era». Compara esto con lo que dice

Pablo: «[Dios] lo hizo pecado [a Cristo] por nosotros, para que fuéramos hechos justicia de Dios en Él» (2 Cor. 5:21, NBLA). Cuando te unes a Jesús, el Señor que vive, por fe, el gran intercambio se lleva a cabo. A través de la muerte expiatoria de Jesús, Dios te acepta como justo y cancela tus pecados. Esto es justificación, perdón y paz.

Pablo en Romanos y Gálatas, y los reformadores después de él, hablaron de justificación más que de perdón. Esto se debe a que la justificación es perdón *y algo más*; no solo significa un lavamiento del pasado, sino también la aceptación y el regalo del estatus de un hombre justo para el futuro. Además, la justificación es determinante, es una decisión sobre la cual Dios nunca regresará y por lo tanto es la base de la seguridad; mientras que el perdón presente no necesariamente da mayor seguridad que la templanza temporal. Así que la justificación (la absolución pública y la reincorporación ante el tribunal de Dios) es en realidad el concepto más profundo.

Solo por fe

En el pasado (las cosas no son tan claras hoy) los católicos romanos no comprendieron la determinación de la justificación presente, ni vieron que la justicia de Cristo («la obediencia y la sangre de mi Salvador», como lo expresó Toplady) era la base, ni se dieron cuenta de que nosotros no debemos tratar de ganarla y tan solo recibirla como el regalo gratuito de la gracia de Dios. Así que insistieron en que los sacramentos, las «buenas obras» y el sufrimiento del purgatorio en el más allá eran todos medios necesarios para la aceptación final, porque estaban entre las razones en las que se basaba esa aceptación. Pero los reformadores predicaron, como lo hizo Pablo, la aceptación plena y final a través de un acto decisivo de perdón aquí y ahora; y esto, dijeron, es solo por fe.

¿Por qué *solo* por la fe? Porque *solo* la justicia de Cristo es la base del perdón, y la paz y Cristo y Sus dones son recibidos *solo* al abrazar la fe. La fe no solo significa creer en la verdad de Dios, sino confiar en Cristo, tomar lo que Él ofrece y luego triunfar en el conocimiento de lo que ahora es tuyo.

¿Ya es tuyo el don del perdón de Dios por la fe? Se pasa por alto con facilidad. Los judíos no lo vieron, Pablo dijo que su tragedia fue que su celo por Dios los llevó a tratar de establecer su propia justicia (es decir, ganar su aceptación) y «no se han sujetado a la justicia de Dios» (es decir, a Su manera de perdonar y justificar, solo por la fe en Cristo, ver Rom. 10:2 ss.). La verdad patética es que nosotros, los pecadores, nos creemos santurrones hasta la médula, nos justificamos constantemente y detestamos admitir que hay algo muy malo en nosotros, cualquier cosa que Dios o el hombre puedan tener en contra nuestra; y tenemos que enfrentar a nuestros propios instintos pervertidos antes de que la fe sea posible para nosotros. Dios nos libre a todos de repetir la tragedia de los judíos en nuestras propias vidas.

Estudio bíblico adicional

Justificación a través de Cristo por la fe aparte de las obras:
- Romanos 5; 10:1-13
- Gálatas 2:15–3:29
- Filipenses 3:4-16

Preguntas para la reflexión y la discusión

- ¿Qué es el perdón y qué hace por aquel que ha sido perdonado a nivel personal?
- ¿Qué quiso decir Lutero cuando dijo: «Te convertiste en lo que no eras para que yo pudiera llegar a ser lo que no era»?
- ¿Por qué el perdón solo viene a través de la fe?

17

Resurrección
del cuerpo

L a Escritura ve la muerte —la única certeza de la vida— no
como un amigo sino como destrucción. Cuando mi cuerpo
y mi alma se separen, solo seré una sombra de lo que fui. Mi
cuerpo es parte de mí, el mecanismo a través del cual me expreso;
sin él no tengo toda mi capacidad para crear cosas, hacer cosas y
relacionarme con mis semejantes. Piensa en alguien que tenga pleno
uso de sus facultades y compáralo con un paralítico; ahora compara
al paralítico con alguien totalmente incorpóreo y entenderás a qué
me refiero. Los paralíticos pueden hacer muy poco; las personas
incorpóreas, aún menos. Así, la muerte, aunque no termina con
nuestra existencia, la anula y en un sentido real la destruye.

Enfrentar a la muerte

La muerte es el problema más fundamental de la humanidad,
porque si la muerte es realmente definitiva, entonces nada vale la
pena excepto la autocomplacencia. «Si los muertos no resucitan,
comamos y bebamos, porque mañana moriremos» (1 Cor. 15:32).
Ninguna filosofía o religión es realmente útil para nosotros si no
puede estar de acuerdo con la muerte.

Aquí, sin embargo, el cristianismo se destaca entre las religiones e «ismos» del mundo, pues considera que ha conquistado a la muerte. Porque la fe cristiana es esperanza que descansa en hechos, es decir, el hecho de que Jesús resucitó corporalmente de la tumba y ahora vive eternamente en el cielo. La esperanza es que cuando Jesús regrese, el día en que la historia se detenga y este mundo termine, Él «transformará el cuerpo de la humillación nuestra, para que sea semejante al cuerpo de la gloria suya» (Fil. 3:21; comp. 1 Jn. 3:2). Esta esperanza incluye tanto a todos los que han muerto en Cristo como a los cristianos que estarán vivos cuando Él venga: «Porque vendrá hora cuando todos los que están en los sepulcros oirán su voz; y los que hicieron lo bueno, saldrán a resurrección de vida» (Juan 5:28 ss.). La resurrección del *cuerpo* significa la restauración de la *persona*, no solo una parte de mí, sino todo, a una vida activa, creativa e imperecedera, para Dios y con Dios.

El nuevo cuerpo

Al tratar con los creyentes, Dios completa Su redención por el don, no de sus viejos cuerpos de alguna manera reparados, sino de nuevos cuerpos aptos para hombres nuevos. A través de la regeneración y la santificación, Dios ya nos ha renovado por dentro; ahora recibimos cuerpos que coincidan. El nuevo cuerpo está vinculado con el viejo, pero es distinto a él, así como las plantas están vinculadas con las semillas de las cuales crecieron, pero son diferentes de ellas (ver 1 Cor. 15:35-44). Mi cuerpo actual, «mi hermano asno», como Francisco de Asís quisiera que lo llame, es como el auto viejo de un estudiante; a pesar de que lo cuido, es muy precario, nunca funciona del todo bien y con frecuencia nos decepciona a mí y a mi Maestro (ies muy frustrante!). Pero mi nuevo cuerpo se sentirá y se comportará como un Rolls-Royce y entonces mi servicio ya no se echará a perder.

Sin duda, como yo, tú amas tu cuerpo porque es parte de ti, pero también te enojas por la forma en que te limita. Así debe ser. Es bueno saber que el objetivo de Dios al darnos cuerpos físicos de segunda clase aquí es prepararnos para manejar mejor nuestros cuerpos en el más allá. Como dice C. S. Lewis en alguna parte, te dan caballos que no impresionan para aprender a cabalgar, y solo cuando estás listo para ello se te permite un animal que galopará y saltará.

Un enano al que conocía lloraba de alegría al pensar en el cuerpo que Dios tenía reservado para él el día de la resurrección, y cuando pienso en otros cristianos que conozco que, de una manera u otra, son un desastre físico (deformes, en descomposición, lisiados, hormonalmente desequilibrados o discapacitados de alguna manera), también puedo llorar de alegría por esto en particular, que será suyo y tuyo y mío cuando ese día llegue.

Alma y cuerpo

Es muy probable que este fragmento del Credo se colocara para evitar la idea (muy común durante tres siglos después de Cristo y no desconocida hoy en día) de que la esperanza del hombre es la inmortalidad para su alma, que (así se pensaba) estaría mucho mejor desencarnada. Se decía que, «el cuerpo es una tumba», lo que resumía ese punto de vista. Pero esto muestra una postura equivocada tanto de la materia (que Dios hizo y le gusta y declara buena) como del hombre (que no es un alma noble capaz de excusar sus actos vergonzosos al culpar a su torpe cuerpo material, sino que es una unidad psicofísica cuyo estado moral se expresa directamente por su comportamiento físico). El efecto desordenado del pecado es muy claro en la forma en que funcionan mis apetitos físicos (para no ir más allá); pero a pesar de todo eso, estos apetitos son parte de mí y debo reconocer la responsabilidad moral por cualquier expresión activa que encuentren. La doctrina bíblica del juicio es que cada uno de nosotros recibe «según lo que haya hecho mientras estaba en el cuerpo, sea bueno o sea malo» (2 Cor. 5:10).

Como Cristo

La promesa de que un día tendremos cuerpos «semejante al cuerpo de la gloria suya» (Fil. 3:20 ss.) nos desafía: ¿realmente, desde nuestros corazones, acogemos y abrazamos nuestro destino prometido de ser como Cristo? (Comp. 1 Jn. 3:2 ss.). Esta pregunta podría enfrentarnos a la verdad. Porque algunos encuentran toda su identidad en deseos físicos gratificantes (por ejemplo, la excitación sexual, el sueño, la comida, el ejercicio, la violencia, la euforia inducida por el alcohol o las drogas, etc.) y sienten, por desgracia, con demasiada seguridad, que si se les privara de esto, no les quedaría nada más que dolor; y ven a Jesús, que no fue guiado por deseos físicos, como el «galileo aburrido» a través de cuya respiración, según Swinburne, el mundo se enfrió, y a quien D. H. Lawrence quería humanizar (tengo que usar ese verbo para ser justo con Lawrence, aunque es la tontería más loca que he escrito) al imaginarlo con una vida sexual con una sacerdotisa pagana. Tal visión hace que la idea de ser como Jesús —eso y nada más— suene como ser sentenciado a una muerte en vida. Ahora, ¿es esa tu idea, en el fondo?

Si es así, solo se puede decir una cosa: pídele a Dios que te muestre cómo la vida de Jesús, en cuerpo y alma, fue la única vida plenamente humana que se ha vivido; y sigue mirando a Jesús, mientras lo encuentras en los Evangelios, hasta que puedas verlo. Entonces la perspectiva de ser como Él, eso y nada menos, te parecerá el destino más noble y magnífico posible, y al abrazarlo te convertirás en un verdadero discípulo. Pero hasta que lo veas, por favor créeme: no bromeo, no hay esperanza para ti en lo absoluto.

Estudio bíblico adicional

La esperanza de la resurrección:
- Marcos 12:18-27
- 1 Corintios 15:35-58
- Filipenses 3:4-16

Preguntas para la reflexión y la discusión

- ¿Por qué una religión que no trata con la muerte carece de valor para nosotros?
- ¿Qué evidencia da la Biblia para demostrar que la muerte ha sido conquistada?
- ¿Cuánto podemos decir que sabemos acerca del estado de quienes resucitan?

18

La vida eterna

scépticos como Fred Hoyle y Bertrand Russell nos han dicho que la idea de una vida futura sin fin los horroriza; para ellos, ¡sería muy aburrido! Evidentemente han encontrado esta vida aburrida y no pueden imaginar cómo la existencia humana podría hacerse interesante y valiosa de forma permanente. ¡Pobres hombres! Aquí vemos los efectos de vivir sin Dios y el pesimismo oscuro al que conduce.

Pero no todos los modernos son como Hoyle y Russell. Algunos están ansiosos por sobrevivir a la muerte. De ahí su interés por los fenómenos espiritistas, que supuestamente revelan la supervivencia. Pero hay que tener en cuenta tres hechos. Primero, los «mensajes» de los difuntos son angustiosamente triviales y egocéntricos. Segundo, los «mensajes» no provienen de aquellos que en esta vida caminaron cerca de Dios. Tercero, los médiums y sus «ayudantes» se avergüenzan del nombre de Jesús. Estos hechos advierten que los fenómenos espiritistas, cualquiera sea su verdadera explicación, son un callejón sin salida para investigar «la bendita esperanza de la vida eterna».

La presencia de Jesús hace el cielo

Cuando el Credo habla de «*la* vida eterna» significa, no solo la existencia sin fin (los demonios y las almas perdidas también tienen eso), sino el gozo final en el que Jesús entró (Heb. 12:2) y que prometió y oró para que Sus seguidores algún día lo tuvieran. «Donde yo estuviere, allí también estará mi servidor. Si alguno me sirviere, mi Padre le honrará». «Padre, aquellos que me has dado, quiero que donde yo estoy, también ellos estén conmigo, para que vean mi gloria» (Juan 12:26; 17:24).

Estar con Jesús es la esencia del cielo; es de lo que se trata la vida eterna. «He vivido de oídas y por fe», dijo el Sr. Firme de la obra de Bunyan, «pero ahora voy adonde viviré por vista y estaré con él, en cuya compañía me deleito». ¿Qué haremos en el cielo? ¡No descansaremos! Adoraremos, trabajaremos, pensaremos y nos comunicaremos, disfrutando de la actividad, la belleza, las personas y de Dios. Sin embargo, ante todo, veremos y amaremos a Jesús, nuestro Salvador, Maestro y Amigo.

Gozo eterno

La eternidad de esta vida fue explicada de la manera más vívida posible por el benefactor anónimo que añadió a «Sublime gracia», de John Newton, este verso adicional:

Y cuando en Sión por siglos mil
brillando esté cual sol,
Yo cantaré por siempre allí
Su amor que me salvó.

He estado escribiendo con entusiasmo, porque esta vida eterna es algo que espero con ansias. ¿Por qué? No porque no esté enamorado de la vida aquí, ¡todo lo contrario! Mi vida está llena de gozo, de cuatro fuentes: conocer a Dios, a las personas y las cosas buenas y agradables que Dios y los hombres han creado bajo el dominio de Dios, y hacer cosas que valgan la pena para Dios, para otros o para mí mismo como hombre de Dios. Pero mi límite excede mi comprensión. Mis relaciones con Dios y con los demás nunca son tan ricas y plenas como quiero, y siempre estoy descubriendo más de lo que pensé que había en la buena música, grandes versos, grandes libros, grandes vidas y el gran caleidoscopio del orden natural.

A medida que envejezco, descubro que aprecio a Dios y a las personas y a las cosas buenas, hermosas y nobles cada vez con más intensidad; así que es puro deleite pensar que este disfrute continuará y aumentará de alguna forma (qué forma, Dios sabe y estoy contento de esperar y ver), literalmente para siempre. Los cristianos heredan, de hecho, el destino que los cuentos de hadas imaginan en la fantasía: *nosotros* (sí, tú y yo, los pecadores tontos y salvos) *vivimos*, sí, y vivimos *felices* y por la infinita misericordia de Dios viviremos felices *para siempre*.

No podemos visualizar la vida del cielo, y el hombre sabio no lo intentará. En cambio, permanecerá en la doctrina del cielo, que es allí donde los redimidos encuentran plenitud en su corazón: gozo con su Señor, gozo con Su pueblo y gozo en el fin de toda frustración y angustia y la provisión de todas las necesidades. Lo que se le dijo al niño: «Si quieres dulces y hámsteres en el cielo, allí estarán», no fue una evasión, sino un testimonio de la verdad de que en el cielo no habrá necesidades o anhelos insatisfechos. Sin embargo, apenas sabemos cuáles serán en realidad nuestros deseos, excepto que ante todo vamos a querer estar «siempre con el Señor» (1 Tes. 4:17).

Con frecuencia, ahora decimos en momentos de mucho disfrute: «No quiero que se acabe nunca», pero sucede. El cielo, sin embargo, es diferente. Que las alegrías del cielo sean tuyas y mías.

Estudio bíblico adicional

Nuestro destino:
- Apocalipsis 21:1–22:5

Preguntas para la reflexión y la discusión

- ¿Por qué Packer sospecha de los fenómenos espiritistas?
- ¿Por qué el cielo será maravilloso? ¿Personalmente esperas y anhelas el cielo? ¿Por qué sí o por qué no?
- ¿Qué harán los residentes del cielo?

Segunda Parte

La entrada:

el bautismo
y la conversión

El bautismo y la conversión

«Por tanto, id, y haced discípulos a todas las naciones, bautizándolos en el nombre del Padre, y del Hijo, y del Espíritu Santo» (Mat. 28:19).

«Pedro les dijo: Arrepentíos, y bautícese cada uno de vosotros en el nombre de Jesucristo para perdón de los pecados; y recibiréis el don del Espíritu Santo» (Hech. 2:38).

«… para que abras sus ojos, para que se conviertan de las tinieblas a la luz, y de la potestad de Satanás a Dios; para que reciban, por la fe que es en mí, perdón de pecados y herencia entre los santificados» (Hech. 26:18).

«… Jesús le respondió: Si no te lavare, no tendrás parte conmigo». (Juan 13:8).

«¿O no sabéis que todos los que hemos sido bautizados en Cristo Jesús, hemos sido bautizados en su muerte? Porque somos sepultados juntamente con él para muerte por el bautismo, a fin de que como Cristo resucitó de los muertos por la gloria del Padre, así también nosotros andemos en vida nueva. Porque si fuimos plantados juntamente con él en la semejanza de su muerte, así también lo seremos en la de su resurrección» (Rom. 6:3-5).

«Oh Dios misericordioso, concede que el viejo Adán sea sepultado en estas personas, de tal manera, que el nuevo hombre sea levantado en ellas.

»Haz que todos los afectos carnales mueran en ellos y que todas las cosas que pertenecen al Espíritu vivan y crezcan en ellos.

»Concédeles que tengan poder y fuerza, que tengan victoria y triunfen contra el diablo, el mundo y la carne.

»Haz que todo aquel que esté aquí dedicado a ti por nuestra función y ministerio también sea investido con virtudes celestiales y recompensado eternamente, por medio de tu misericordia, oh bendito Señor Dios, que vives y gobiernas todas las cosas en el mundo sin fin. Amén».

—MINISTERIO DE BAUTISMO, 1662, LIBRO DE ORACIÓN

Prefacio

La visión duplicada, así como una doble exposición en fotografía, es algo desagradable. Ves dos imágenes y ese es el problema, porque solo deberías estar viendo una, y cada una que se presenta le resta valor a la otra. La persona con doble visión no ve con claridad y no se atreve a conducir un automóvil. El fotógrafo que superpone una imagen sobre otra estropea ambas.

Algo así como la visión duplicada y la doble exposición marca gran parte de nuestro pensamiento sobre el inicio de la vida cristiana. Nuestras mentes parecen estar divididas. Hablamos de *iniciación cristiana*, es decir, de ser admitidos en la Iglesia por el bautismo, que muchos de nosotros experimentamos cuando éramos niños, y hablamos de *convertirnos en cristianos*, cuando recibimos a Jesucristo como Salvador y Señor en nuestra conversión, que muchos de nosotros experimentamos a cierta edad. Pero cuando tratamos de relacionar los dos temas, el resultado es como una fotografía doblemente expuesta. Puedes ver ambas imágenes, pero no puedes hacer una imagen de ellas. Cada una se interpone en el camino de la otra, de modo que ninguna puede ser apreciada adecuadamente.

¿De dónde viene esta mente dividida? Es el legado de dos siglos de pietismo y oposición al pietismo. El pietismo se enfocó en la conversión, en denominaciones que estaban apagadas o muertas, en las que el bautismo se había convertido en una formalidad vacía. Los antipietistas desafiaron el «conversionismo» por no apreciar la objetividad de la gracia en la vida corporativa de la iglesia. Para salvaguardar la importancia de la conversión, algunos defensores del bautismo infantil argumentaron que la regeneración que el bautismo en cierto sentido media, es diferente de la regeneración a la que ha llegado el hombre convertido; y algunos bautistas afirmaron que el verdadero bautismo en agua (en oposición al bautismo del Espíritu, de conversión) es el testimonio del creyente de su respuesta a la gracia, en lugar de una señal o un medio de la obra de gracia de Dios en sí mismo. Así, las personas han dividido lo que Dios había unido.

Los siguientes estudios enseñan que no podemos pensar bíblicamente sobre el inicio de la vida cristiana sin enfocarnos en el tema de la conversión al cristianismo, ni viceversa. Solo se trata como se debe al bautismo cuando uno se concentra en la conversión y el compromiso del cristiano, en su camino y en su premio. Los temas del bautismo y la conversión no son como el aceite y el agua, que no se mezclan, sino que son como los agudos y los graves en la música. No puedes ver el punto completo de ninguno sin el otro y necesitas ambos para darle la armonía adecuada.

1

El mandato del Señor

El bautismo es y siempre fue el rito de iniciación de la Iglesia («iniciación», viene de la palabra en latín para «comienzo», significa recepción y entrada a miembros comprometidos). Sí, pero ¿qué es exactamente el bautismo? ¿Y por qué es importante?

El bautismo es una acción establecida con agua y palabras. Al verter, rociar o sumergir, el candidato se pone por un momento bajo el agua y luego se lo saca «de abajo». La palabra griega *baptízo* significa literalmente «sumergir» y la acción sugiere tanto lavado como un nuevo comienzo. Las palabras que lo acompañan, «en el nombre del Padre y del Hijo y del Espíritu Santo», anuncian una relación en la que el candidato es reclamado y comprometido con el Dios trino.

¿Por qué el bautismo?

Las religiones paganas tienen rituales de lavado y los consideran importantes para cambiar el estado interno de las personas. Pero el cristianismo dice que el cambio interno que cuenta delante de Dios es una cuestión de fe, no solo una creencia correcta, sino un compromiso vivo de corazón con Dios a través de Jesucristo. Este cambio no es producido por ningún ritual en particular, ya que no depende de ningún ritual en absoluto. Los rituales en una emergencia son innecesarios de todos modos y ningún ritual puede ayudarnos mientras negamos o desafiamos a Dios en nuestros corazones. Los apóstoles bautizaron a los creyentes y a las personas a su cargo, pero insistieron en que lo que salva es la fe: «Cree en el Señor Jesucristo, y serás salvo» (Hech. 16:14 ss.; comp. vv. 29-33).

Pero si puedes creer y ser salvo sin bautizarte, ¿por qué la Iglesia requiere el bautismo? ¿Por qué no renunciar a él, como lo ha hecho la Sociedad Religiosa de los Amigos y el Ejército de Salvación?

La respuesta aparece si recordamos hechos básicos sobre Jesús, el hombre de Galilea a quien los cristianos adoran como su Salvador, Señor y Dios.

Jesucristo

¿Quién era Jesús? ¡Lee los Evangelios y verás! Los tres primeros lo muestran como un hombre que era Dios, el rey davídico prometido (Mateo), el siervo sufriente de la profecía (Marcos) y el evangelista lleno del Espíritu que abre el camino al cielo (Lucas), mientras que Juan lo presenta como el único Hijo de Dios, la Palabra eterna, ahora hecho hombre sin haber perdido Su deidad para traernos vida a través de la fe en sí mismo. Luego, lee las Epístolas y observa el énfasis que hace Pablo en la filiación divina de Jesús (Col. 1:13-20), Su muerte redentora (Rom. 3:21-26; 5:6-11; 2 Cor. 5:14-21), Su resurrección (1 Cor. 15:1-20), Su reino presente (Fil. 2:5-11; 1 Cor. 15:24-28) y Su regreso seguro (1 Tes. 4:13–5:11). Ve también cómo el autor de Hebreos mezcla los temas de Jesús como Hijo de Dios y simiente de Abraham, apóstol, sumo sacerdote, sacrificio y ofrenda por nuestros pecados. Luego lee cómo Hechos muestra el señorío de Jesús como Salvador y cómo Apocalipsis celebra Su triunfo que se aproxima. Une todo esto y sabrás quién era Jesús.

Entonces, ¿qué es Él para nosotros? Nuestro Maestro, que nos llama a servir a Dios cargando una cruz y siguiéndolo; nuestro Guía y Amigo, que nos guía y sostiene aquí y nos lleva finalmente a compartir la gloria con Él en el más allá. Nuestro Señor y el que nos ama también, Él reclama toda nuestra lealtad y, si lo amamos, guardaremos Sus mandamientos, como bien lo dijo (Juan 14:15).

Para agradarlo

¡Pero ahora nuestra pregunta se ha respondido! Porque el bautismo está entre los mandamientos de Jesús. Él envió a Sus seguidores a discipular a todas las naciones, bautizándolas en el nombre trino (Mat. 28:19). Así que una iglesia que no requiera el bautismo y un cristiano que no pida ser bautizado sería algo así como una contradicción de términos. La razón fundamental para la práctica del bautismo es agradar a Jesucristo nuestro Señor.

Estudio bíblico adicional

La práctica del bautismo:
• Hechos 8:26-39; 10:30-48

Preguntas para la reflexión y la discusión

• ¿Qué nos dice la palabra griega *baptízo* acerca del significado del bautismo?
• ¿Cuál es la relación entre la fe y el acto ritual del bautismo?
• Como cristiano, ¿por qué debería bautizarme?

2

Lo que significa la señal

Hay una autobiografía que empieza diciendo: «Nací (así me lo contaron)...». Así es como tengo que hablar de mi bautismo, porque fui bautizado cuando era un bebé. Supongo que lo mismo les sucedió a muchos de ustedes. Desde el siglo IV, si no antes (las opiniones difieren), la mayoría de los cristianos han sido bautizados en la infancia y por lo tanto han tenido que confiar en su bautismo. Si fuiste bautizado en o después de tu adolescencia, como un converso de primera generación o como alguien en la tradición bautista, por supuesto que lo recordarás con nitidez. Pero nada depende de eso. El bautismo, sin importar cuándo lo hayamos recibido, pertenece ahora a nuestro pasado. Entendemos su importancia en nuestra vida hoy, no al recordarla como un evento, sino como una señal que comunica, un símbolo que lleva un mensaje; lo que Agustín llamó una palabra visible de Dios.

El mensaje

¿De dónde viene esta forma de ver el bautismo? Pablo apela al bautismo para mostrar a los cristianos su llamado. En Romanos 6:1-14, dice que debido a que hemos sido sepultados y resucitados con Cristo en el bautismo, no podemos continuar en pecado. En Colosenses 2:8–3:17, argumentó que, debido a que hemos sido sepultados y resucitados con Cristo en el bautismo, no debemos caer en la religión «natural» sin Cristo, mundana, con su legalismo y superstición, sino que debemos dejar que la vida resucitada, sobrenatural de Cristo, encuentre expresión en nosotros al romper los malos hábitos y formar un nuevo carácter semejante al de Cristo.

Vivir de esta manera, en unidad consciente con el Cristo vivo, sobre la base de la anulación total de la culpa a través de la cruz, es lo que significa ser cristiano para Pablo, y él ve el bautismo como una expresión de todo ello, tanto de la obra de renovación de Dios (nuestra crucifixión y resurrección con Jesús) como de nuestra obra de arrepentimiento (dar vuelta la página para expresar vida nueva).

Algunos están perplejos, pensando que Pablo, quien en otra parte insiste en que somos justificados y salvos a través de la fe en Cristo y solo a través de ella (Rom. 3:27-30; Gál. 2:15 ss.; Ef. 2:8 ss.; Fil. 3:4-9), aquí da a entender que el rito bautismal como tal trae salvación. Pero esto es malinterpretarlo, como lo mostrarán los siguientes puntos.

(1) Pablo escribe a los conversos de la primera generación cuyo bautismo, según la costumbre del Nuevo Testamento, habría venido de forma directa después de profesar su fe; de modo que creer y ser bautizado ya estaban vinculados en sus mentes como dos aspectos de la única realidad de convertirse en cristiano.

(2) Dando por sentado este vínculo, Pablo les recuerda que lo que pensaban que sucedía en el bautismo sucedía a través de la fe y no sin ella. *«En el bautismo* [...] *fuisteis también resucitados con él* [con Cristo], *mediante la fe»* (Col. 2:12). A pesar de la superstición popular, a veces alentada por el clero (quien debería entenderlo mejor), ninguna tradición cristiana (protestante, católica u ortodoxa) admite que las personas bautizadas que pueden tener fe se puedan salvar sin fe o que los creyentes genuinos puedan perderse por no ser bautizados.

(3) Para Pablo y todos los escritores del Nuevo Testamento, el vínculo entre creer y ser bautizado es evidentemente como el que existe entre heredar el trono y ser coronado: a

través de la ceremonia pública se declara, confirma, celebra y regulariza formalmente la realidad ya existente del privilegio real. (En el mismo sentido en que Isabel II fue «*hecha reina*» en su coronación, el catecismo del *Libro de Oraciones Anglicano* dice que en el bautismo, el hijo del creyente, que está «en el Señor» con sus padres desde el nacimiento, «*fue hecho* miembro de Cristo, hijo de Dios y heredero del reino de los cielos»).

(4) Pablo en ningún caso invoca al bautismo como prueba de salvación (el bautismo solo nunca puede ser eso; piensa en Simón el hechicero en Hechos 8:13-24). Él apela al bautismo, como dijimos, solo como una señal dada por Dios que enseña a los creyentes profesos a qué clase de vidas son llamados, y que tienen el compromiso, el privilegio y la habilidad de vivir así.

Vive por tu bautismo

Cuando Martín Lutero se sentía tentado, como a menudo lo estaba, a dudar del amor de Dios y caer en la desesperada autoindulgencia de la desesperación, se mantenía firme diciéndose: «*Baptizatus sum* (he sido bautizado)». Así recuperó la seguridad de que el llamado misericordioso de Dios hacia él era real, que su nueva vida en Cristo era real y que no debía dudar de su fe o su fidelidad. ¡Él había entendido el mensaje del bautismo! ¿Lo hemos entendido?

Estudio bíblico adicional

El bautismo representa la salvación:
* Colosenses 2:8–3:4
* Romanos 6:1-14

Preguntas para la reflexión y la discusión

* ¿Qué muestra el bautismo a los cristianos sobre ellos mismos?
* ¿Cuál es la relación entre el bautismo y la salvación?
* ¿Por qué Martín Lutero encontró consuelo a través del hecho de que había sido bautizado?

3

Un sacramento
de buenas nuevas

Estoy despierto, después de lo que parece un largo sueño. Abro los ojos, pero todo está oscuro. Me doy cuenta de que no tengo idea de dónde estoy. Parece que estoy solo y todo lo que está debajo de mí está desnivelado y es resbaladizo. Moverse será peligroso, porque no puedo ver nada. Tal vez no haya adónde ir; pero ¿cómo puedo quedarme quieto? Nada tiene sentido. La desesperanza me hace sentir enfermo, pequeño, débil y asustado. Pero creo que oigo una voz a la distancia: «Ven, aquí hay luz». Todavía no puedo localizar la voz con certeza, pero sé que lo único que puedo hacer es tratar de buscarla a tientas de la mejor manera que pueda.

Voz en la oscuridad

El converso adulto ha sido descrito como un fenómeno de nuestros tiempos y muchos adultos ahora cristianos empezaron su peregrinación en un estado mental muy parecido al de esos términos. ¡Con razón! Porque el punto de partida del cristianismo bíblico es precisamente una voz en la oscuridad, un llamado de Dios a los ignorantes, una palabra que en realidad no se escucha, por muy familiar que sea su temática, hasta que uno entiende que está espiritualmente en la oscuridad, solo y perdido. Es al inducir este entendimiento que el Espíritu Santo capacita a los adultos para escuchar lo que Dios está diciendo.

«Palabra de Dios» es una descripción que pertenece tanto a Jesucristo como a la Biblia, ya que ambos revelan la mente de Dios; pero «palabra de Dios» en el Nuevo Testamento suele referirse al evangelio, es decir, a las buenas nuevas (que es lo que significa «evangelio») con respecto al amor de Dios por los perdidos. Esta es la palabra que Dios mismo habla en el oscuro caos de nuestra conciencia.

Fuera de la oscuridad

¿Qué dice Dios en el evangelio? Anuncia el regalo más asombroso de todos los tiempos. Ofrece rescate total (es decir, *salvación*) de la inconformidad rebelde a Él que es la raíz de toda nuestra culpa, miseria y frustración y cuyo nombre bíblico es *pecado*. Él promete una vida nueva e interminable de perdón, paz, poder moral y propósito gozoso a todos los que son lo suficientemente humildes como para no tratar de ganárselo, sino tan solo recibirlo.

¿Cómo puede Dios hacer esta oferta? A través de la muerte de Cristo como sacrificio por los pecados. ¿Cómo recibimos esta vida? Renunciando a la rebelión y abrazando al Salvador resucitado como nuestro Maestro; la vida se encuentra dentro de esa relación. ¿Qué sucede entonces? Cada vez entendemos más la verdad de las palabras de Jesús: «El que me sigue, no andará en tinieblas, sino que tendrá la luz de la vida» (Juan 8:12).

La gloria reflejada

Muchos hoy ven el bautismo como una formalidad eclesiástica, relevante solo para ponerle nombre a un niño, y algunos cristianos, temiendo las ideas de magia regenerativa, deliberadamente minimizan el bautismo; pero los Padres de la Iglesia lo celebraron como algo maravilloso y precioso. Cuando ensalzaron el bautismo como la puerta de la vida, ¿estaban llevando la noción pagana de que los rituales realizados de forma correcta logran obtener poderes sobrenaturales? No, aunque su lenguaje a menudo se ha entendido de esta manera. Pero en realidad estaban celebrando el magnífico significado del bautismo, como garantía para el creyente del cumplimiento de la magnífica promesa evangélica de salvación. La gloria del bautismo era para ellos, como debe ser para nosotros, la gloria reflejada del evangelio.

Confirmar promesas solemnes mediante señales visibles y tangibles (documentos firmados y sellados, regalos, apretones de manos, comidas o bebidas compartidas) es lo más natural del mundo, y si lo que se promete es emocionante, recibir y poseer esa señal traerá deleite. ¡Pregúntale a una mujer felizmente casada qué pensamientos desencadena ver su anillo de bodas! Así también, el bautismo expresa el compromiso de un amante —¡el de Dios!— que garantiza la felicidad infinita; y recibir y reflexionar sobre el bautismo está destinado a traernos gozo.

Porque fue el mismo Salvador quien, para confirmar la promesa de salvación, instituyó los dos sacramentos del evangelio: el bautismo y la cena. La iglesia oriental los llamó «misterios», que significa revelaciones de lo que antes estaba oculto (la palabra se usaba para la iniciación en cultos). La iglesia occidental los llamó «sacramentos», que significa promesas solemnes (la palabra se usaba para el juramento de lealtad del soldado romano). Hoy en día, los bautistas y muchos evangélicos los llaman «ordenanzas», porque Cristo ordenó a la Iglesia cumplirlas. Tanto el bautismo como la Cena del Señor son ayudas visuales para la comprensión e incentivos visibles para confiar, y ambos deben ser vistos de ambas formas si se quiere ver su verdadera gloria.

¿Lo puedes ver ahora?

Estudio bíblico adicional

Dios confirmando Sus promesas:
- el pacto, confirmado por la circuncisión: Génesis 17
- la esperanza de gloria, confirmada por juramento: Hebreos 6:11-20
- el perdón de pecados, confirmado por la copa: Mateo 26:20-29

Preguntas para la reflexión y la discusión

- ¿Por qué se hace referencia tanto a la Biblia como a Jesucristo como la «Palabra de Dios»?

La entrada: el bautismo y la conversión

- ¿Qué significa decir que «la gloria del bautismo fue […] la gloria reflejada del evangelio»?

- ¿Qué quiso decir la iglesia oriental con «misterios» y la iglesia occidental con «sacramentos», y qué nos dicen ambas palabras sobre el bautismo?

4

La conversión
y el bautismo

onvertir significa «cambiar». «Nos convertimos el año pasado», me dijo una señora. Lo que ella quería decirme es que su casa ahora contaba con el gas del Mar del Norte. La camioneta que llevaba el mensaje: «Las conversiones son nuestra especialidad» pertenecía a un contratista (¡no a un evangelista!). Pero nuestro tema ahora es la conversión cristiana, el cambio interior real por el cual nos transformamos o más bien somos convertidos (porque la conversión es la obra de Dios en nosotros), para que vivamos con, en, a través y para Dios de ahora en adelante.

¿Qué es la conversión?

Lucas escribe de esto en Hechos, cuando Cristo envía a Pablo a los gentiles: «Para que *abras sus ojos*, para que se *conviertan* […] de la potestad de Satanás *a Dios*; para que reciban, *por la fe* que es en mí, *perdón de pecados* y herencia entre los santificados» (26:18). Pablo llama a los gentiles a «*arrepentirse* y *convertirse* a Dios» (26:20) y Dios les abre «la *puerta de la fe*» (14:27), que resulta en «la *conversión* de los gentiles» (15:3). Vemos retratos de conversión en las historias del mismo Pablo, quien a pesar de toda su religiosidad no tenía ningún vínculo real con Dios hasta que Cristo lo encontró

(9:1-30); del eunuco etíope (8:27-39); de Cornelio el temeroso de Dios (10:22-48); y del carcelero de Filipos (16:27-34); a quienes podríamos agregar la prostituta anónima y Zaqueo el extorsionador, en el Evangelio de Lucas (7:36-50; 19:1-10).

Vemos que la conversión se refiere al compromiso hacia Dios en respuesta a la misericordia de Dios, y consiste en arrepentimiento y fe. En las Escrituras, estos dos se superponen. El arrepentimiento no es solo un remordimiento que expresa contrición, sino un giro total en los pensamientos, objetivos y actos, de modo que uno abandona los caminos de la desobediencia obstinada para servir a Dios con fe y plenitud de fe. La fe no es solo creer en la verdad cristiana, sino abandonar la confianza en uno mismo y en las esperanzas del mundo para confiar por completo en Cristo y Su cruz para el perdón, la paz y la vida, de modo que de ahora en adelante uno viva para su Dios amoroso en una obediencia contrita y llena de agradecimiento.

Aunque antes de la conversión, Dios puede obrar en la vida de una persona de maneras obvias, haciendo que lo busque como lo hicieron Pablo y Agustín e induciendo lo que Wesley llamó «la fe de un siervo», solo por la conversión uno se convierte en cristiano en el sentido bíblico completo, ejerciendo «la fe de un hijo». Hablando en términos espirituales, hasta que ocurra la conversión, todo es oscuridad en el mejor de los casos.

La conversión a veces se descarta como un fenómeno evangélico único, pero pertenece a la experiencia cristiana dominante en todas partes. No tiene por qué ser dramáticamente repentina o emocional, ni uno tiene que ser plenamente consciente de lo que está sucediendo (aunque una conversión consciente generalmente resulta ser una bendición). Sin embargo, lo que es crucial es que las evidencias de la conversión —la fe y el arrepentimiento como principios de la vida diaria— se encuentren en nosotros; de lo contrario, no podemos ser llamados cristianos en absoluto, sin importar las experiencias que hayamos vivido. Por lo tanto, el estilo de vida transformado es más relevante que cualquier experiencia de conversión.

¿Cuál es el lugar del bautismo?

Quizá te preguntes: ¿qué tiene esto que ver con el bautismo? Por supuesto, puedes convertirte sin saber nada del bautismo, así como puedes ser bautizado y no saber nada sobre la conversión. Respecto a esto, sin embargo, hay una conexión triple.

Primero, el bautismo *requiere* la conversión. Pues revela no solo la obra salvadora de Dios en nosotros, a través de la muerte y resurrección de Jesús por nosotros, sino también nuestra entrada en la vida nueva a través del «arrepentimiento para con Dios, y de la fe en nuestro Señor Jesucristo» (Hech. 20:21), es decir, a través de la conversión. La conversión, profesada de forma creíble, califica a los adultos para el bautismo, y es a la conversión a la que el bautismo compromete a los bebés.

Segundo, el bautismo *da forma* a la conversión. Del simbolismo del bautismo aprendemos que convertirse en cristiano significa aceptar la muerte con Cristo (separación total del mundo), ser lavado a través de Cristo (perdón completo por el pasado) e identificarse con la vida resucitada de Cristo (consagración completa para el futuro); y esa conversión genuina tiene que ser una respuesta real a Dios en los tres puntos.

Tercero, el bautismo *prueba* la conversión. La conversión se conoce fuera del cristianismo como un retroceso psicológico a la religión; lo que identifica una experiencia de conversión como cristiana es su orientación positiva al triple llamado del bautismo.

Me pregunto: ¿qué dice tu bautismo acerca del compromiso cristiano, o conversión, que profesas? Será prudente que lo compruebes y veas.

Estudio bíblico adicional

Verdadera conversión:
- 1 Tesalonicenses 1; 2:9-16

Preguntas para la reflexión y la discusión

- ¿Quién hace la obra de conversión cristiana y cuál es esa obra?
- «Solo por la conversión se llega a ser cristiano en el sentido bíblico completo». ¿Por qué?
- ¿Por qué un estilo de vida convertido es más importante que una experiencia de conversión?

5

Bautizados en el nombre de Jesús

Cuando Pedro, mientras predicaba en Pentecostés, les dijo a los judíos que el hombre que asesinaron había resucitado y reinaba, muchos se quedaron atónitos y preguntaron qué debían hacer. «Arrepentíos», dijo Pedro, «y bautícese cada uno de vosotros en el nombre de Jesucristo para perdón de los pecados» (Hech. 2:38). Es fácil pasar por alto toda la profundidad que esto tiene. Pedro no mandaba a arrepentirse formalmente por la crucifixión, sino a renunciar totalmente a la independencia como una forma de vida y a someterse plenamente al gobierno del Señor resucitado. Porque el nombre de Jesús lleva el llamado de Jesús, y someterse al bautismo es, para aquellos que llevan años de reticencia, una señal de que el llamado ha sido aceptado.

Nombre y llamado

Pablo muestra esto cuando dice que, en el éxodo, todos los israelitas «en Moisés fueron bautizados», es decir, como lo dice la NVI, «todos ellos fueron bautizados [...] para unirse a Moisés», siguiendo con obediencia al líder que Dios les envió, siendo conducidos por la nube y a través del mar dividido (1 Cor. 10:1 ss.). Pablo lo muestra aún más claramente cuando recuerda a sus conversos que no le deben lealtad exclusiva, ni deben luchar por su honor, pues no fueron «bautizados en el nombre de Pablo» (1 Cor. 1:13). La implicancia es que el bautismo para Pablo significaba, entre otras cosas, una ceremonia de reclutamiento, realizando públicamente una promesa de lealtad, mediante la cual uno se compromete a ser, como dice el *Libro de Oración*, «el fiel soldado y siervo de Cristo» de por vida.

¿En qué consiste esta promesa? La idea bíblica que lo clarifica más es la imagen de Jesús en Juan 10 sobre sí mismo como pastor y Sus seguidores como Su rebaño. El buen pastor, dice Jesús, va delante, alimenta y protege a Sus ovejas (vv. 4, 9-11 ss.) y todo lo que tienen que hacer las ovejas es seguirlo a Él (v. 3 ss.).

Un tema que se repite en el Nuevo Testamento es mostrar a Jesús como pionero, Aquel que abre el camino a la gloria para nosotros, que es el buen pastor que guía a las ovejas a casa.

Una vez más, una forma clásica de ver el ministerio de Jesús es en términos de los tres oficios ungidos del Antiguo Testamento: profeta, sacerdote y rey. Como profeta, Su enseñanza sobre Dios viene por completo de Dios, Jesús es el buen pastor que guía, mostrando el camino a la vida (para conocer la enseñanza de Jesús, lee los Evangelios). Como sacerdote, establecido entre nosotros y Dios para asegurar nuestro gozo de comunión con Dios, habiéndose sacrificado por nuestros pecados y ahora ayudándonos desde el cielo, Jesús es el buen pastor que salva a las ovejas a costa de Su vida (Juan 10:11, 15, 17 ss.; para el sacerdocio de Jesús, lee Hebreos). Finalmente, como rey, Señor de nuestras circunstancias, conciencias y conducta, Jesús es el buen pastor que guarda a Sus ovejas de todo tipo de males (para conocer más sobre Jesús como rey, lee Apocalipsis).

Así que todos los bautizados en el nombre de Jesús deben convertirse en seguidores de Jesús. Deben *escuchar* a Jesús como mensajero de Dios: «Este es mi Hijo amado [...] a él oíd». (Mat. 17:5). Deben *confiar* en Jesús como mediador de Dios: «Venid a mí [...] y yo os haré descansar» (Mat. 11:28). Deben obedecer a Jesús como su Maestro: «¿Por qué me llamáis, Señor, Señor, y no hacéis lo que yo digo?» (Luc. 6:46). Tú y yo fuimos bautizados. ¿Vivimos así?

La nueva sociedad

Esto no es todo. Al reconocer a Jesús como nuestro pastor, afirmamos que nos identificamos con Su rebaño, la comunidad para la cual «el pueblo de Jesús» es el nombre perfecto, la iglesia cristiana. Son nuestros *compatriotas*, conciudadanos, porque «nosotros somos ciudadanos del cielo» (Fil. 3:20, NTV); son nuestros *hermanos*, con nosotros en la familia de Dios, porque «todos vosotros sois hermanos» (Mat. 23:8); y somos *miembros* en el organismo ministrador que es el cuerpo de Cristo, porque «todos somos miembros de un mismo cuerpo» (Ef. 4:25, NVI) y «todos vosotros sois uno en Cristo Jesús» (Gál. 3:28).

Así que el bautismo tiene implicaciones sociales. Participar en la «vida del cuerpo» de mutua comunión y servicio a Cristo debe ser la regla para todos los bautizados (ver, sobre esto, Rom. 12:4 ss.; 1 Cor. 12:4 ss.; Ef. 4:7-16; 1 Ped. 4:10 ss.). Aislarse en la iglesia, sentarse lejos, no integrarse, esquivar la responsabilidad, etc., a menudo es condenado, como negar el significado de la Cena del Señor; necesitamos ver que también niega el significado del bautismo y es igual de drástico. ¿Ahora lo tenemos claro? ¿Estamos entendiendo que por amor activo a nuestros hermanos cristianos necesitamos demostrar que sabemos lo que significa nuestro bautismo?

Estudio bíblico adicional

Lo que Jesús les pide a los discípulos:
- Lucas 9:57-62; 14:25-33
- Juan 13:1-17

Preguntas para la reflexión y la discusión

- ¿De qué manera el bautismo es el final de una forma de vida y el inicio de otra?
- ¿Por qué podemos referirnos de forma correcta al bautismo como una ceremonia de reclutamiento?
- ¿Qué tiene que ver el bautismo con la «vida del cuerpo»?

6

Lavados

Cuando vemos los dos sacramentos del evangelio (u ordenanzas, como algunos prefieren decirles) que Jesús nos dejó, nos damos cuenta de que son solo reflejos de la vida común y corriente: una comida, con un lavado que la precede. La elección de Jesús de estos dos eventos cotidianos como signos de gracia salvadora nos muestra que, así como sin lavarnos y comer nuestra salud física sufre, sin Sus contrapartes en el evangelio, tampoco tenemos salud espiritual.

Limpieza del pecado

¿Cuál es la contraparte evangélica del lavado? Ser limpiado de la culpa y la inmundicia del pecado. Sin este «lavado celestial»,[1] no seremos aceptados por nuestro santo Creador. Al igual que los padres que no aceptan a sus hijos en la mesa hasta que estos se laven las manos, Dios no nos tendrá en Su mesa, es decir, en comunión con Él, hasta que nuestra suciedad sea quitada.

Tenemos que reconocer que la arrogancia, el egoísmo, la mezquindad y la mera perversidad de nuestras horribles vidas sin amor son para Dios algo impuro, ofensivo que lo repele y lo hace retroceder, como nosotros lo hacemos cuando nos enfrentamos a la suciedad en el lugar donde esperábamos estar limpios. Si en un restaurante te ofrecieran comida en un plato que obviamente no ha sido lavado, te molestarías y te negarías a aceptarlo. De manera similar, según las Escrituras, la actitud de nuestro Hacedor hacia las personas dominadas por el síndrome anti-ley y anti-Dios llamado pecado es un rechazo firme, la «ira» que se mostrará en el «juicio justo» cuando llegue el día.

«Porque la ira de Dios», dice Pablo, «se revela desde el cielo contra toda impiedad e injusticia de los hombres». «El juicio de Dios [es] que los que practican tales cosas son dignos de muerte». «La revelación del justo juicio de Dios, el cual pagará a cada uno conforme a sus obras [...] tribulación y angustia sobre todo ser humano que hace lo malo» (Rom. 1:18, 32; 2:5-9).

Lo primero que el mandato de Jesús nos muestra sobre el bautismo para todos los discípulos (Mat. 28:19) es que todos necesitamos el «lavado celestial». El bautismo es un testimonio permanente contra cualquier duda acerca de esta necesidad que cuestione si Dios toma en cuenta nuestra culpa e inmundicia o si Su ira es «real». ¡Pero nos dice más! El bautismo muestra que el «lavado celestial» puede ser real para todos.

Sangre, fe, bautismo

Este lavado es trascendente. Incluye tanto la cancelación de la culpa por el perdón como la ruptura del dominio del pecado; es decir, nuestra esclavitud a las motivaciones que, al exaltarnos y complacernos, contaminan y corrompen toda nuestra vida. Lo que cura esta esclavitud es la renovación interior, es decir, la regeneración, de la cual hablaremos más adelante.

¿Cómo sucede este lavado? «La sangre de Jesucristo su Hijo nos limpia de todo pecado» (1 Jn. 1:7). Bien oró Toplady para que la muerte sacrificial de Jesús «Sea del pecado la doble cura / Que me limpie de su culpa y poder». La sangre de Cristo (es decir, el poder de Su muerte) «limpiará vuestras conciencias de obras muertas [es decir, culpable y mortal] para que sirváis al Dios vivo» (a través del quebranto del reinado del pecado sobre ti) (Heb. 9:14). «Si no te lavo», le dijo Jesús a Pedro, hablando de esta limpieza interior, aunque Pedro no entendió la referencia, «no vas a pertenecerme» (Juan 13:8, NTV).

¿Cuándo somos lavamos así? Cuando creemos, es decir, cuando nos comprometemos con Cristo. Entonces, ¿qué tiene que ver el bautismo con esto? Tres cosas. Primero, el bautismo lo *retrata* simbólicamente, para nuestro aprendizaje, como ya lo vimos. Segundo, el bautismo lo *promete* visiblemente, proclamando que quien tenga fe en Cristo lo recibirá. Tercero, el bautismo lo *presenta* formalmente y así asegura al receptor creyente que realmente lo tiene, así como presentar la túnica en la graduación le asegura al estudiante que realmente ha ganado su título. Es en estos términos (retrato, promesa y presentación) que debemos entender que Pedro llama a los judíos al bautismo «para perdón de los pecados» (Hech. 2:38), y luego define el bautismo como «no quitando las inmundicias de la carne, sino como la aspiración de una buena conciencia hacia Dios» (1 Ped. 3:21), y Ananías insta a Pablo: «Levántate y bautízate, y lava tus pecados, invocando su nombre [el de Jesús]» (Hech. 22:16).

«Habéis sido lavados», dijo Pablo a los corintios (1 Cor. 6:11). ¿Estás lavado como ellos? Así como yo, tú también necesitas serlo.

Nota:

[1]*El Libro de Oraciones Anglicano de 1662.*

Estudio bíblico adicional

Limpieza de la impureza del pecado:
* retrato, 2 Reyes 5:1-14
* promesa, Ezequiel 36:22-32
* presentación, Tito 2:11–3:8

Preguntas para la reflexión y la discusión

* ¿Cómo se describe el pecado en este capítulo? ¿Qué significa esto?
* ¿Por qué necesitamos algo más que el perdón?
* ¿Por qué no podemos tener comunión con Cristo sin ser lavados espiritualmente?

7

Unidos con Cristo

¿**H**ay más en el cristianismo que practicar la moralidad y asistir a una iglesia? Muchos piensan que no, pero sí lo hay. El cristianismo es una vida nueva, que consiste en nuevas relaciones con Dios, los hombres y las cosas; y todo surge de una fuente: un vínculo único entre el cristiano y su Maestro, Jesucristo.

El Nuevo Testamento deja esto bien claro, pero habla del vínculo en sí mismo en un lenguaje que es sorprendente y difícil de precisar. La unión con Cristo se afirma en términos que suenan demasiado fuertes para ser ciertos. Por lo tanto, Pablo dice «Cristo, vuestra vida» (Col. 3:4), y «ya no vivo yo, mas vive Cristo en mí» (Gál. 2:20); y habla de cristianos que hacen y experimentan literalmente todo en Cristo y de personas bautizadas como si se hubieran vestido de Cristo (Gál. 3:27). Así también, Jesús dice: «Permaneced en mí, y yo en vosotros. […] Yo soy la vid, vosotros los pámpanos» (Juan 15:4 ss.). ¿Qué tipo de vínculo puede ser el que impulse tales declaraciones?

Doble unidad

El vínculo tiene dos aspectos. Considéralos por separado. Primero, es una relación con *la persona de Jesús*, una de *discipulado*. El Jesús de los Evangelios está vivo hoy, ha resucitado y es real. En términos de carácter, actitudes y preocupaciones, sigue siendo exactamente lo que fue en su vida terrenal: «Jesucristo es el mismo ayer, hoy y por los siglos» (Heb. 13:8), y nos llama a hacer lo mismo que llamó a Sus primeros discípulos a hacer: darle total lealtad y amor, aprender de Él y obedecerle fielmente, negándonos a nosotros mismos para identificarnos con Su voluntad en todo momento, para que Su persona se refleje en lo que somos. Este es el nuevo aspecto de compromiso de nuestro vínculo con Jesús.

En segundo lugar, este vínculo es también una relación con lo que los teólogos a veces llaman *el hecho de Cristo*. La etiqueta habitual para ello es *incorporación*. Debemos entender este aspecto de unidad de la siguiente manera.

El Hijo eterno de Dios se convirtió en Jesús el Cristo por la encarnación; para quitar nuestros pecados, probó la muerte por crucifixión; volvió a la vida corporal para toda la eternidad por la resurrección; y volvió a entrar en la gloria del cielo por la ascensión. Este es el hecho de Cristo. Es verdaderamente histórico, porque sucedió en Palestina hace 2000 años. También es cierto, sin embargo, que es transhistórico, es decir, no está limitado por el espacio y el tiempo como lo están otros eventos: puede afectar e involucrar a cualquier persona en sí mismo en cualquier momento y en cualquier lugar. La fe en Jesús ocasiona ese toque que une, de modo que en la realidad más profunda cada creyente ha muerto y resucitado y ahora vive y reina, con Jesús y a través de Jesús. (Ten en cuenta que cuando se usa la frase «en Cristo», «en» es la abreviatura de «con» y «a través» juntos). Este es el aspecto de la nueva creación de nuestro vínculo con Jesús.

Hemos analizado los dos aspectos por separado para aclarar cada uno, como un pianista que aprende una pieza podría hacerlo primero con las notas de la mano derecha y luego de la izquierda. Pero como ambos conjuntos de notas deben tocarse juntos para producir el sonido apropiado, así debemos fusionar mentalmente ambos aspectos de nuestro vínculo con Jesús si queremos afirmarlo bíblicamente. La manera de expresarlo es que, en Jesús, a quien vamos en fe, reside el poder de todo el hecho de Cristo y que al salvarnos no solo nos reconcilia con Dios, sino que también, por así decirlo, nos conecta a Su propia muerte, resurrección y reinado. Así vivimos en una comunión gozosa con Él, sabiendo que somos justificados por la fe a través de Su muerte y encontrando con ello la libertad de la esclavitud del pecado y los anticipos del cielo en la tierra a través del poder transformador dentro de nosotros que ejercen Su muerte y resurrección.

Esta es una declaración demasiado corta de una verdad abrumadora. Las exposiciones clásicas de ella están en Romanos 6–8 y Colosenses 3, ambas deben ser estudiadas.

Bautismo y unidad

El bautismo está relacionado de forma directa con todo esto; porque al llevar al candidato por un momento bajo el agua, el bautismo significa no solo el lavado de la culpa del pecado, sino también la muerte y resurrección con Cristo que trae libertad del gobierno del pecado. Pablo escribe: «¿O no sabéis que todos los que hemos sido bautizados en Cristo Jesús, hemos sido bautizados en su muerte? Porque somos sepultados juntamente con él para muerte por el bautismo, a fin de que como Cristo resucitó de los muertos por la gloria del Padre, así también nosotros andemos en vida nueva» (Rom. 6:3 ss.).

Si alguien quiere conocer la verdadera naturaleza y el corazón del cristianismo, que observe el bautismo; porque el bautismo proclama ambos aspectos del vínculo de unidad con el Señor viviente que hace nuevas todas las cosas.

Estudio bíblico adicional

La vida en el Hijo:
- Juan 6:35-59; 16:1-11
- 2 Corintios 5:14-21
- Gálatas 3:23-29

Preguntas para la reflexión y la discusión

- ¿En principio, el cristianismo se trata de moralidad o de una relación? Explica tu respuesta.
- ¿Qué nos dice acerca del discipulado el hecho de que Jesucristo nunca cambia?
- ¿Qué quiere decir que el hecho de Cristo sea transhistórico? ¿Qué implica este hecho para ti?

8

El bautismo y el Espíritu Santo

A ntes de que empezara el ministerio público de Jesús, Juan el Bautista contrastó su bautismo en agua con el bautismo del Espíritu que administraría el Venidero. «Os he bautizado con agua; pero él os bautizará con Espíritu Santo» (Mar. 1:8). Antes de Su ascensión, con miras a Pentecostés, Jesús hizo el mismo contraste: «Juan ciertamente bautizó con agua, mas vosotros seréis bautizados con el Espíritu Santo» (Hech. 1:5).

El punto no era que el bautismo del Espíritu y el bautismo en agua sean opuestos o que el bautismo del Espíritu hace innecesario el bautismo en agua, sino que el bautismo de Juan pertenecía a los últimos días del antiguo pacto, mientras que el derramamiento del Espíritu de Cristo (comp. Hech. 2:33) marcaría el inicio para los creyentes en la vida del nuevo pacto como se predijo en Jeremías 31:31 ss., fue anunciado por Jesús en la Cena (1 Cor. 11:25) y presentado en detalle en Hebreos 8:8–10:25.

Regalo del nuevo pacto

¿Qué es la vida del nuevo pacto? Es la realidad de la comunión con Jesucristo en Su gloria y con Su Padre como nuestro Padre a través de Él, además de una participación compartida en los beneficios de Su muerte expiatoria (perdón, paz, aceptación, adopción) y de Su vida resucitada (ayuda presente, esperanza duradera). La entrega de esta vida es el distintivo del Espíritu después de Pentecostés.

Es por eso que en Juan 7:39 el apóstol señala que el Espíritu, el agente de la creación (Gén. 1:2), el que inspiró a los profetas (2 Ped. 1:21) y el que capacitó al mismo Jesús (Luc. 3:22; 4:14, 18), «pues aún no había venido [… literalmente, todavía no] porque Jesús no había sido aún glorificado». En todo momento el Espíritu estaba cumpliendo otras funciones, pero solo podía empezar a dar a conocer en los corazones de los hombres la gloria de Jesús como el Señor crucificado y resucitado después de que la muerte y la resurrección de Jesús hubieran sucedido.

Cuando los escritores del Nuevo Testamento hablan de personas que *reciben* el Espíritu, lo que tienen en mente es el inicio de la experiencia del nuevo pacto, con la autoexpresión audaz, gozosa y exuberante en alabanza y testimonio (a veces, de hecho, lenguas y profecías, cualesquiera que fueran) que la experiencia trae. (Ver Hech. 2:38; 8:15; 10:47; 19:2; Rom. 8:15; Gál. 3:2). En este sentido, los creyentes del Antiguo Testamento, que precedieron a Cristo, no recibieron el Espíritu. Pero dado que todo arrepentimiento y respuesta a lo que uno sabe de la misericordia de Dios es enseñado por el Espíritu y forjado por el Espíritu, debemos insistir en que, en otro sentido más básico, lo recibieron, como los samaritanos antes de que llegaran Pedro y Juan, ¡a pesar de Hechos 8:15 ss.!

Al surgir de la experiencia del nuevo pacto, el lenguaje del Nuevo Testamento sobre el Espíritu se enfoca naturalmente en esta experiencia y no siempre tiene la postura más elemental; aunque los escritores tenían muy claro que el arrepentimiento y la fe, cuando se encuentran, son un don de Dios (Hech. 5:31, 11:18; Ef. 2:8).

Entonces, ¿qué es el «bautismo en el Espíritu»? Siguiendo a Jesús en Hechos 1:5, lo definimos como la llegada del Espíritu a una persona para empezar en ella el ministerio del nuevo pacto como se describe. Para los discípulos de Jesús, esto sucedió en Pentecostés, aunque antes tenían fe; para todos los demás sucede en la conversión. Para cualquier experiencia posconversión hoy en día, el «bautismo en el Espíritu» no es un término apropiado.

El inicio de la vida cristiana

Desde Pentecostés, convertirse en miembro de la familia de Dios de acuerdo con Su voluntad revelada (o como la llamaríamos: el inicio de la vida cristiana) ha incluido tres factores: el arrepentimiento y la fe, el bautismo cristiano y la venida del Espíritu para el ministerio del nuevo pacto (comp. Hech. 2:38; Rom. 8:9 ss.; Ef. 1:13 ss.). En la experiencia, el orden ha variado; aparentemente fue fe, bautismo y Espíritu en Pentecostés (Hech. 2:38-42); Espíritu, fe y bautismo en el «Pentecostés gentil» (10:44-48); fe, Espíritu y bautismo en Galacia (Gál. 3:2); por cierto, ha sido bautismo, fe y Espíritu para todos aquellos cristianos a través de los siglos que fueron bautizados cuando eran bebés. El orden no importa mucho; lo que importa es que los tres vínculos entre nosotros y Jesucristo (fe, bautismo, Espíritu) deben estar allí.

Cuando Pablo dice que en el único *Espíritu* todos fuimos *bautizados* (es decir, por Cristo) en Su único *cuerpo* (1 Cor. 12:13), él piensa en el bautismo en agua y el don del Espíritu como dos aspectos complementarios de un solo acto de Cristo, que nos reclama e incorpora o nos integra (imagen de Pablo, Rom. 11:17-24) en una unión vital consigo mismo. Así que los conversos que han recibido el Espíritu deben buscar el bautismo y los bautizados deben buscar la conversión, ¡para que puedan recibir el Espíritu! En el propósito revelado de Dios para nuestras vidas, el bautismo en agua y el bautismo en el Espíritu están unidos. Que ninguno de nosotros, en pensamiento o práctica, los separe.

Estudio bíblico adicional

Llenos del Espíritu:
* Hechos 6:1-10
* Efesios 5:15-20

El Espíritu en el cuerpo:
* 1 Corintios 12:1-13

Preguntas para la reflexión y la discusión

• ¿Qué es el nuevo pacto? ¿Crees que has sido incluido en el nuevo pacto? ¿Por qué?

• ¿En qué sentido los creyentes del Antiguo Testamento no recibieron el Espíritu? ¿En qué sentido sí lo recibieron?

• ¿Qué es el bautismo del Espíritu? ¿Qué tiene que ver con el cuerpo de Cristo?

9

El cristianismo básico

Ser cristiano es una mezcla de doctrina, experiencia y práctica. La mente, el corazón y las piernas están involucrados. La doctrina y la experiencia sin práctica me convertirían en un paralítico espiritual bien informado; la experiencia y la práctica sin doctrina me dejarían como un sonámbulo espiritual. Si Cristo ha de ser formado en mí, la doctrina, la experiencia y la práctica deben estar ahí juntas.

Ahora, el cristianismo sostiene que el Creador es conocido a través de las realidades materiales: el orden natural, el cuerpo de Jesús y los símbolos prescritos, de los cuales el bautismo es uno de ellos. A menudo y con facilidad, el cristianismo es distorsionado e incomprendido. Puedes pedirles a seis personas que lo definan y es probable que obtengas seis respuestas diferentes. Pero el bautismo, tal como fue instituido por Jesús, es un testimonio permanente de lo que realmente son la doctrina, la experiencia y la práctica esencial.

La Trinidad

La doctrina que muestra el bautismo es *al Dios Trino en pacto con el hombre*. Jesús estableció el bautismo «en el nombre del Padre y del Hijo y del Espíritu Santo» (Mat. 28:19). «Nombre» significa, como a menudo en las Escrituras, «un ser personal» y es singular, señalando que las tres personas son, por misteriosa unidad esencial, no tres Dioses sino uno. «En» (literalmente, «hacia») apunta a una relación establecida entre cada uno de los tres y nosotros.

Así como la Trinidad es la doctrina más asombrosa, difícil y distintiva del cristianismo, que lo separa completamente de todas las demás formas de fe en Dios, también es la verdad más básica del cristianismo, porque todo el evangelio descansa sobre ella. Según las Escrituras, es la cooperación entre los tres lo que trae la salvación. Vamos a explicar esto.

El Padre planeó salvar, eligiendo a Su Hijo para que fuera nuestro sacrificio (1 Ped. 1:20) y a nosotros pecadores para ser Su pueblo (Ef. 1:4); ahora está llevando a cabo Su plan. El Hijo, por voluntad de Su Padre, se encarnó y nos redimió, pagando en la cruz el precio de nuestros pecados (1 Jn. 4:9 ss.) y venciendo la muerte para siempre por Su resurrección; ahora vive para interceder por los Suyos (Rom. 8:27; Heb. 7:25), es decir, actuar en Su nombre para que obtengan todo lo que Él ganó para ellos. El Espíritu, enviado por el Padre y el Hijo (Juan 14:26; 15:26), nos recrea a través de un nuevo nacimiento (Juan 3:5 ss.; 2 Cor. 5:17), nos lleva a conocer a Cristo por fe (Ef. 1:17 ss.; 3:16 ss.) y nos cambia a la semejanza de Cristo (2 Cor. 3:18).

Si se niega la deidad personal del Hijo o del Espíritu se pondrá en tela de juicio el ministerio de esa persona y entonces la salvación se desploma. Así que la fórmula bautismal de Cristo, afirmando la triple unidad del Dios a quien estamos dedicados, salvaguarda el evangelio de una manera fundamental.

La justificación

La experiencia que el bautismo describe es *dejar atrás la impureza*: que nuestros fracasos llenos de culpa sean lavados para que podamos empezar de nuevo. El doble simbolismo del lavamiento y la resurrección anuncia esto. Por lo tanto, el bautismo expresa el mensaje del evangelio del perdón permanente de Dios y de nuestra aceptación al confiar en la sangre derramada de Jesús, es decir, el mensaje de la justificación por la fe (la frase de Pablo: ver Rom. 3:21–5:21; Gál. 2:15–3:29).

El fracaso moral es un hecho universal y la culpa, la vergüenza y la conciencia contaminada y acusadora son las experiencias humanas más comunes. Así que la limpieza de la conciencia, no solo una vez, sino a diario, es una necesidad universal y la experiencia que simboliza el bautismo es una experiencia sin la cual cualquiera que se conozca bien a sí mismo difícilmente puede vivir. «Inmundo voy a la fuente; lávame, Salvador o moriré».

El arrepentimiento

El camino de la práctica al que dirige el bautismo es *aceptar ser cambiado*, que es la esencia del arrepentimiento. Yo no me bautizo a mí mismo; el ministro está a cargo, me pone bajo el agua y me saca según su propia voluntad. Esto representa la verdadera penitencia y abnegación, es decir, rendirle a Cristo las riendas de nuestra vida, para ser conducido por Su camino. La autoafirmación y la terquedad son algo muy natural para todos, y la frase de W. H. Auden: «Preferiríamos ser destruidos que transformados», es demasiado cierta para ser buena. Pero querer ser cambiado por Cristo (que no es un estado natural de la mente, sino un don de gracia) sigue siendo el elemento fundamental en toda práctica cristiana genuina.

El bautismo requiere que enfrentemos, y sigamos enfrentando, estas normas básicas de doctrina, experiencia y práctica en el cristianismo de Cristo. Esto en sí mismo es una parte importante de la bendición que trae el bautismo.

Estudio bíblico adicional

Doctrina, experiencia, práctica:
- Romanos 6:15–7:6

Preguntas para la reflexión y la discusión

- ¿Qué tiene que ver el bautismo con la doctrina de la Trinidad?
- ¿Qué doble simbolismo vemos en el bautismo y qué dice sobre nosotros?
- ¿Cómo desafía el bautismo la declaración «Preferiríamos ser destruidos que transformados»?

10

El bautismo y los bebés

Una de las divisiones más tristes de la Iglesia tiene que ver con el bautismo.

Nadie dice que se deban bautizar a todos los niños, pero la mayoría de las denominaciones bautizan a los hijos de los creyentes bautizados. Los bautistas, sin embargo, no ven esto como un bautismo (dado que los bebés no pueden hacer la confesión de fe que se necesita), sino que lo ven como un bautismo irregular (pues, según dicen, no es claramente apostólico, ni pastoralmente sabio). Algunos sostienen que, dado que Dios no ordena el bautismo infantil en las Escrituras, lo prohíbe. Todos insisten en que posponer el bautismo hasta que la fe sea consciente siempre es lo mejor en la práctica (ten en cuenta que cuando hablo de «bautistas» aquí, me refiero a toda una gama de cristianos, miembros de denominaciones bautistas, junto con algunos carismáticos, independientes y otros evangélicos, para quienes el bautismo de creyentes es la práctica estándar).

Por otro lado, algunos han deducido de la teología del pacto que Dios ordena el bautismo de los bebés de los creyentes después de todo. Muchos otros sostienen que esta práctica, aunque fijada por la Iglesia, tiene mejor garantía teológica, histórica y pastoral que la otra y por lo tanto debe considerarse como «la más agradable con la institución de Cristo».[1]

¿Cómo debemos ver el tema? Sopesemos los siguientes puntos.

Una discusión innecesaria

Primero, en ambos lados de la controversia hay muchas personas que discuten más de lo necesario. La Escritura ni ordena ni prohíbe el bautismo infantil y no podemos suponer que el Autor divino que guio a los escritores humanos quiso prohibir alguna de las dos cosas.

En el antiguo pacto, Dios dio el mandato de llevar a cabo la circuncisión infantil masculina. Eso, unido a la insistencia de Pablo de que bajo el nuevo pacto los hijos de un creyente son «santos» (dedicados a Dios y aceptados por Él) junto con sus padres (ver Gén. 17:9-14; 1 Cor. 7:14), hace que el bautismo infantil parezca correcto para muchos cristianos creyentes en la Biblia. Si la unidad entre padres e hijos bajo el pacto de Dios es un hecho inmutable, en el cual se basó el antiguo mandamiento de Dios de la circuncisión (la señal del pacto para los bebés varones), ¿cómo puede ser apropiado negar el bautismo (la señal del nuevo pacto) a los bebés ahora?

Además, el bautismo infantil era en realidad una práctica apostólica. Las «casas» (es decir, los hogares, que eran familias extendidas) de Lidia, el carcelero de Filipos y Estéfanas fueron bautizadas, la segunda a las pocas horas de la conversión del carcelero (Hech. 16:15, 33; 1 Cor. 1:16). Parece natural inferir que esta era una práctica estándar que sucedía cuando el jefe de un hogar se convertía y que estas familias extendidas incluían bebés. Lucas y Pablo difícilmente habrían dicho «casa» sin reservas si hubieran querido que deduzcamos que, en principio, los bebés estaban excluidos.

Debe admitirse que la congruencia teológica y el aparente precedente, aunque seguramente justifican el bautismo infantil hoy, no son un mandato divino.

Al mismo tiempo, sin embargo, los argumentos en contra del bautismo infantil no pueden hacerse de manera concluyente. Por ejemplo:

(1) Se insiste en que una confesión de fe es parte de la definición del bautismo. Pero en ninguna parte del Nuevo Testamento dice eso; es una inferencia que plantea preguntas porque, en el Nuevo Testamento, como en la práctica posterior, los adultos no son bautizados sin tal confesión.

(2) Se insiste en que a los niños bautizados nunca se les exigirá que confiesen la fe personal en absoluto. Pero los padres y padrinos que apoyan a los bebés en el bautismo comprometen a esos bebés a un arrepentimiento personal genuino y a la fe, persuadiéndolos a hacer su propia confesión genuina de arrepentimiento y fe a cierta edad y en la confirmación y todos los ritos equivalentes de recepción como miembros adultos de la iglesia, el requisito de la confesión personal es central. En otras palabras, el bautismo infantil exige la conversión en la edad adulta.

(3) Se insiste en que el bautismo infantil impulse suponer que el bebé es regenerado y ya no necesita tener fe. Los bautistas sacuden la cabeza ante la declaración del *Libro de Oraciones Anglicano* después del bautismo: «Vemos que este niño ahora es regenerado» y la declaración en el Catecismo de que «en mi bautismo [...] fui hecho miembro de Cristo, hijo de Dios y heredero del reino de los cielos». Pero estas frases denotan solo el rito ceremonial de los derechos y privilegios espirituales, que, si alguna vez ha de ser eficaz, deben ser confirmados por la fe en Cristo. Como el arzobispo Usher escribió hace mucho tiempo, solo «tengo el beneficio y la ganancia de ellos (estas promesas de gracia), cuando entienda con qué me ha sellado Dios en el bautismo y realmente me aferre a ello por fe».

Pastoral

Los bautistas, ansiosos por expresar el concepto enseñado por Dios de la Iglesia solo como creyentes, dedican a los niños (un «bautismo seco», desde el punto de vista de quienes bautizan infantes) y bautizan con agua a cierta edad. Otros protestantes, ansiosos también por expresar la unidad bíblica de la familia en el pacto, bautizan a los niños y los confirman a cierta edad (un «bautismo seco», desde el punto de vista bautista). Para los grupos que bautizan infantes y para los que bautizan adultos no debe ser difícil trabajar juntos en respeto mutuo, porque bíblica y pastoralmente, las dos prácticas son (¡gracias a Dios!) paralelas en su significado.

*La **entrada:** el bautismo y la conversión*

Nota:
[1]*Artículo anglicano XXVII.*

Estudio bíblico adicional
La gracia de Dios en los niños:
- 1 Samuel 3
- Lucas 2:5-25
- Efesios 6:1-4

Preguntas para la reflexión y la discusión
- ¿Qué similitudes se observan entre la circuncisión y el bautismo? ¿Hasta qué punto justifican el bautismo infantil? ¿Cómo argumentarías tu punto de vista contra aquellos que tienen una postura diferente?
- ¿Qué se le debe exigir a los adultos que se bautizan que no se les puede pedir a los bebés?
- ¿Los bebés que han sido bautizados necesariamente reciben los beneficios espirituales simbolizados por el rito? ¿Por qué sí o por qué no?

Bautismo, confirmación y confesión

Muchas de las denominaciones históricas admiten a personas que fueron bautizadas cuando eran niños en la sagrada comunión por medio de un rito de confirmación. Por lo general, el pastor o el obispo impone las manos sobre los candidatos y ora para que el Espíritu Santo los fortalezca. ¿Qué significa esto?

Una idea engañosa

En primer lugar, no significa que hasta ahora la presencia personal del Espíritu que mora en nosotros o los dones o algunos aspectos de Su ministerio regenerador, santificador y aquel que nos da seguridad hayan sido retenidos de cierta manera. Tampoco quiere decir que a través de la confirmación recibamos el Espíritu y Sus beneficios de maneras que de otra forma no podrían ser. Esas ideas son comunes; pero en realidad son supersticiosas y reflejan la creencia medieval de que la confirmación es un sacramento que Pedro y Juan estaban administrando cuando impusieron las manos sobre los samaritanos después de orar por el Espíritu (Hech. 8:14-17), y que los sacramentos suelen ser el único medio de transmitir las bendiciones que representan.

Pero nada de esto es correcto. El Nuevo Testamento reconoce solo dos sacramentos (u ordenanzas, como dirían los bautistas), se refiere a los símbolos dados por Dios que garantizan bendiciones particulares a los creyentes; es decir, el bautismo y la Cena del Señor. El gesto de imponer las manos sobre la persona por la que oras como una señal de buena voluntad y preocupación, como lo hicieron Pedro y Juan a los samaritanos, Pablo a los discípulos de Éfeso y los líderes de Antioquía a Pablo y a Bernabé (Hech 19:6; 13:4), y Pablo junto a un anciano desconocido a Timoteo (2 Tim. 1:6; 1 Tim. 4:14), es algo distinto.

Además, las Escrituras muestran que los dones de gracia para los creyentes representados y garantizados por los sacramentos pueden darse separados de ellos. La remisión de pecados, la cual es una parte de la justificación, es un ejemplo evidente: compara Hechos 2:38, 22:16 con Romanos 3:21–5:1 y Gálatas 3.

De hecho, la idea del Nuevo Testamento de la iniciación cristiana tiene que ver con un cristiano que está en la iglesia. No hay «llaneros solitarios»; somos salvos en comunidad, como parte del cuerpo de Cristo, o no somos salvos en lo absoluto. También es cierto que la iniciación bíblica implica fe, la cual se ejerce y se profesa; recepción en la comunidad creyente a través del bautismo en el nombre trino; y la recepción o el sello con el don del Espíritu Santo (Hech. 2:38; 2 Cor. 1:22; 5:5; Ef. 1:13 ss., 4:30). Pero no es cierto que, como algunos han dicho, la confirmación complementa el bautismo al representar el don del Espíritu. En el Nuevo Testamento, el bautismo representa todo lo que involucra entrar en una vida nueva en Cristo, incluido el don del Espíritu (Hech. 2:38; 1 Cor. 12:13). La confirmación, sin embargo, no es parte de la iniciación bíblica, porque no es una ordenanza bíblica en absoluto.

«Sí, quiero»

Pero si es solo tradición de la iglesia, ¿por qué se practica? ¿Vale la pena conservarla? Sí, por dos razones; una teológica y otra pastoral.

Primero, hay un elemento en el inicio de la vida cristiana que el bautismo infantil no provee: la confesión personal de fe ante la iglesia. Podemos considerar el bautismo de los bebés de los creyentes como la voluntad de Dios, pero la confesión de fe cuando tienen la edad suficiente también es la voluntad de Dios (¡los bautistas tienen razón allí! Ver Rom. 10:9; 1 Cor. 12:3; 1 Tim. 6:12). La confesión personal muestra que podemos «discernir el cuerpo», es decir, ver el significado y la relevancia para nosotros mismos de las palabras de Jesús en la última cena: «Esto es mi cuerpo que por vosotros es partido» (1 Cor. 11:29, 24). Por lo tanto, la confesión personal nos califica para ser recibidos en la sagrada comunión, que es solo para creyentes. La confirmación corrobora la aptitud para compartir este acto central de adoración.

Segundo, la confirmación es el punto en la crianza cristiana donde la membresía de la iglesia recibida como hijos se intercambia por la membresía adulta por derecho propio, basada en la aceptación personal del compromiso con la fe y la renuncia al diablo, al mundo y a la carne que los padrinos y los padres de los bebés hicieron en su nombre. En el servicio del *Libro de Oraciones Anglicano*, por ejemplo, el obispo pregunta: «En presencia de Dios y de esta congregación, ¿renuevas aquí la solemne promesa y el voto hecho en tu nombre en tu bautismo; ratificando y confirmando lo mismo en persona?». La respuesta prescrita es: «Sí, quiero», que, si se pronuncia con sinceridad, aquí como en el servicio matrimonial dice mucho. Luego, la iglesia, después de haber escuchado a los candidatos confirmar su fe confesándola, ora con el obispo para que todos puedan ser confirmados, establecidos y fortalecidos, por el Espíritu de Dios, para el cumplimiento de su compromiso.

¿Edificante? ¿Tiene sentido común en cuanto al cristianismo? ¿Qué te parece?

Cuando se toma en serio, la confirmación se convierte en una profunda ocasión de compromiso o recompromiso y de testimonio de la obra salvífica de Cristo aceptado por la fe.

Estudio bíblico adicional

El compromiso de aquel que ha confesado:
- 1 Timoteo 6:11-21
- 2 Timoteo 1:8-14

Preguntas para la reflexión y la discusión

- ¿Por qué es importante reconocer que los dones de gracia de Dios no vienen a nosotros solo a través de los sacramentos?
- ¿Cuál es la importancia de la confesión personal?
- ¿Por qué la sagrada comunión es solo para creyentes?

12

El bautismo y la vida en el cuerpo

¿Quién es un cristiano? El bautismo nos dice que no es solo un mero hacedor del bien, sino alguien convertido y comprometido con el Cristo vivo, una persona nacida de nuevo y lavada de sus pecados a través de la sangre de Cristo, y en quien mora el Espíritu de Cristo. ¿Qué es la iglesia? Nuevamente, el bautismo nos dice que no es un mero club o un grupo de interés que se puso de acuerdo, sino un organismo sobrenatural de creyentes tan vinculados a su Maestro, que a través de Él se vinculan unos con otros, todos son verdaderamente «miembros» (es decir, «extremidades», «piezas que trabajan en conjunto») de un «cuerpo» del cual Él es la «Cabeza». Como hay un cuerpo, un Señor y una fe, dice Pablo, así hay un bautismo (Ef. 4:4 ss.); uno, porque la unión por fe con el Señor en ese único cuerpo es lo que el bautismo siempre representa.

Con «miembro de la iglesia» nos referimos a alguien que ha sido recibido en una comunidad de adoración; con «cuerpo de cristianos» con frecuencia nos referimos a una denominación. Pero el Nuevo Testamento no conoce ni a los miembros de la iglesia ni al cuerpo de cristianos, solo a los miembros de Cristo y de Su cuerpo. Nuestro uso proviene de las Escrituras, pero se ha separado tanto de la gramática de la Biblia como de su significado. En las Escrituras, el cuerpo de Cristo es esencialmente personas comunes que viven juntas una vida nueva y extraordinaria porque el Señor resucitado las ha tocado y reclamado y ahora las controla. Cuando decimos «cuerpo» o «miembro», este debería ser el pensamiento en nuestras mentes.

La ética del cuerpo

«Vida del cuerpo» es una frase actual para la red de relaciones mutuas que Cristo llama a los miembros de Su cuerpo a edificar, y los ayuda a hacerlo. Como señal de incorporación al «cuerpo místico del Hijo (de Dios), que es la bendita compañía de todo el pueblo fiel»,[1] el bautismo nos compromete no solo a la conversión personal, sino también, con eso, a practicar la ética de la vida corporal en la familia cristiana. Las Escrituras explican esta ética en términos de valoración primero y luego de servicio.

(1) *Valor:* «Todos los que habéis sido bautizados en Cristo, de Cristo estáis revestidos. Ya no hay judío ni griego; no hay esclavo ni libre; no hay varón ni mujer; porque todos vosotros sois uno en Cristo Jesús» (Gál. 3:27 ss.). Las distinciones raciales, sociales, económicas, culturales y sexuales que operan como restricciones a nuestra aceptación y apreciación mutua no pueden ser abolidas, pero los límites que imponen deben ser trascendidos. En el cuerpo de Cristo, todos deben acogerse y valorarse unos a otros como «miembros los unos de los otros» (Ef. 4:25). A todos los que Dios valora como Sus hijos, debemos valorarlos como hermanos; a todos los que con nosotros son miembros del cuerpo de Cristo debemos apreciarlos como lo hacemos con nuestro propio cuerpo (ver 1 Cor. 12:25 ss.; Ef. 5:28 ss.). Jesús señala el cuidado práctico de los más humildes y necesitados de Sus discípulos, solo porque son Sus discípulos, como una virtud vital, un elemento necesario en el cristianismo genuino (ver Mat. 10:42; 25:34-45; comp. Sant. 1:27).

Puede que pienses que no es así al ver lo que sucede en nuestras iglesias, pero Dios quiere que la vida en Su nueva sociedad sea un perfecto derroche de afecto, buena voluntad, corazón abierto y amistad (entonces, ¿a qué rayos estamos jugando todos? ¡Dime!).

(2) *Servicio:* El servicio es amor en acción. Pablo dice que el cuerpo de Cristo «se edifica en [por medio de] amor [*ágape*]» (Ef. 4:16, NVI). *Ágape* en las Escrituras es más que palabras o sonrisas amables; su medida es el mal que evitas hacer y el bien que buscas hacer más allá de tus posibilidades. Entonces, ¿cómo es edificada la iglesia en amor? Cuando «cada parte [...] funciona correctamente» en *koinonía* (comunión). *Koinonía* significa dar y tomar de acuerdo con la maravillosa fórmula del Manifiesto Comunista, el cual dice que: «Dé cada uno de acuerdo con su capacidad; a cada uno según su necesidad». Lo que por el don de Dios tenemos y somos es para compartir, ¡no para acumular!

Este compartir es la *diakonía* (servicio, ministerio) a la que todo cristiano está llamado. Los predicadores y pastores son provistos, dice Pablo, «a fin de capacitar al pueblo de Dios para la obra de servicio» (Ef. 4:12, NVI). Los dones (por ejemplo, poderes para servir) que todos los cristianos reciben del Espíritu Santo deben usarse plenamente para el bien de los demás.

Llamado a ministrar

La edificación (el fortalecimiento del cuerpo) es algo colectivo: o todos avanzamos juntos hacia la madurez cristiana a través del ministerio mutuo (de laicos a laicos y también al clero, así como viceversa), o todos nos estancamos por separado. Así que mucho depende de que escuchemos el llamado al ministerio cristiano que nuestro bautismo nos ha entregado a todos.

Nota:

[1]*El Libro de Oraciones Anglicano.*

Estudio bíblico adicional

Servir en el cuerpo de Cristo:
- Efesios 4:7-16
- 1 Corintios 12:14–13:13

Preguntas para la reflexión y la discusión

- ¿Cuál es la fuente y la forma de la «vida extraordinaria» del cristiano?

- La Biblia dice que no hay distinciones raciales, sociales ni sexuales en Cristo. Entonces, ¿cómo debemos actuar unos con otros?

- ¿Por qué es cierto que, o avanzamos juntos o nos estancamos por separado? ¿Crees que esto es correcto? ¿Por qué?

13

Un bautismo mejor

Nadie duda (¿cómo podríamos?) de que el credo del cristiano debe moldear su vida. Pero no parece que lo mismo sea cierto de su bautismo. Sin embargo, si el bautismo realmente representa la gracia de Dios que trae salvación y nuestra fe que se aferra a ella, el rito tiene que ser un moldeador de vida; los cristianos lo tenían claro en el pasado, pese a que hoy lo hemos perdido. Por lo tanto, los puritanos le enseñaron a la gente a «hacer uso de» y «mejorar» su bautismo: es decir, (independientemente de lo que sus palabras puedan sugerir a los lectores modernos), para que sea como combustible para su fe, esperanza, amor, alegría y obediencia. Esta es una lección que nosotros también deberíamos aprender.

Siete formas

Hay siete formas en que yo, como creyente, debo ver mi bautismo.

Primero, es una función del *evangelio*, en el cual el «poder de Dios para salvación a todo aquel que cree» (Rom. 1:16) fue presentado como símbolo y Dios me dio una garantía personal de que a través de la fe podría experimentar ese poder. Tan cierto como que pasé bajo el agua, entonces, así de cierta es la vida nueva en Cristo, en caso de que haya dudas. Así que mi bautismo me asegura que cada día puedo saber más de la liberación sobrenatural del mal, de la culpa, la duda, el miedo, la amargura, la hostilidad, la miseria, los hábitos paralizantes, la debilidad moral, la soledad desesperada (que no es lo mismo que el aislamiento, sino que es una reacción a ella) y así sucesivamente.

Segundo, mi bautismo tiene una función *matrimonial*, según la cual fui entregado a Jesús mi Señor para ser suyo, Su compañero de pacto, «para bien o para mal», pero en última instancia para bien (¡lo mejor!) y para siempre. Así que mi bautismo me recuerda de quién soy y a quién debo servir; quién es el que está comprometido a amarme y apreciarme y compartir conmigo eternamente todo lo que tiene y qué amor y lealtad debo a cambio.

Día de la muerte

Tercero, mi bautismo tiene una función de *sepultura*, un rito de sepultura que, compromete al hombre que yo era por naturaleza, en Adán, a la destrucción total. «Por tanto, hemos sido sepultados con Él [Cristo] por medio del bautismo [es decir, por la obra de Dios revelada en el bautismo] para muerte [...] como Cristo», porque «nuestro viejo hombre fue crucificado con Cristo, para que nuestro cuerpo de pecado [no solo el organismo físico, sino también los impulsos desordenados que lo perturban] fuera destruido [dejado sin poder]» (Rom. 6:4-6, NBLA). Así que mi bautismo me llama a vivir no «conforme a la naturaleza pecaminosa» [es decir, la inclinación a satisfacernos], sino siempre «por medio del Espíritu [para dar] muerte a los malos hábitos del cuerpo» (Rom. 8:12 ss., NVI).

Cuarto, mi bautismo fue un fiesta de *Pascua*, proclamando tanto la resurrección de Jesús como la mía, como creyente, en y con la suya. «En el bautismo [...] fuisteis también resucitados con él, mediante la fe en el poder de Dios, que lo levantó de los muertos» (Col. 2:12). A través del Espíritu que mora en mí ya he resucitado de verdad, aunque debo esperar el regreso de Cristo para que mi resurrección sea físicamente completa. Mientras tanto, mi bautismo requiere que muestre día a día la vida de Cristo que ahora fluye a través de mí, mientras que al mismo tiempo me confirma que un cuerpo nuevo y mejor será mío.

Cumpleaños

Quinto, mi bautismo fue una celebración de *cumpleaños*: podría decir que es el «día oficial de mi nuevo nacimiento», porque el nuevo nacimiento es lo que produce la resurrección con Cristo. Así como el cumpleaños oficial de la reina no es su aniversario real, el día del nuevo nacimiento del cristiano (cuando se comprometió conscientemente con un Cristo revelado) usualmente no suele ser el día de su bautismo (para los niños difícilmente podría ser ese día y para los adultos una profesión de nuevo nacimiento debe preceder al bautismo). Sin embargo, como todos los cumpleaños son momentos para deleitarse en la bondad de la vida, así mi bautismo debe enseñarme gozo constante de estar espiritualmente vivo en Cristo.

Sexto, mi bautismo fue una ceremonia de *admisión* que me trajo a la familia de los hijos adoptivos de Dios para que pudiera compartir la vida familiar de adoración, testimonio y trabajo para la gloria de nuestro Padre. Así que mi bautismo debe darme un sentido de unidad y un llamado a la identificación práctica, con las personas que son la verdadera sal de la tierra, aquellos que pertenecen a la iglesia de Dios y especialmente ese grupo con el que adoro cada domingo.

Séptimo, mi bautismo me *comisiona* al servicio, a entrar en una vida totalmente entregada para servir a Cristo y Su causa. En su epitafio, escrito por él mismo, John Berridge, el líder evangélico del siglo XVIII, se llamó a sí mismo el mensajero de Cristo. Eso es lo que mi bautismo me comprometió a ser.

Así que, meditando y digiriendo estas conclusiones, «mejoraré» mi bautismo, ¡y lo mismo es cierto para ti también!

Estudio bíblico adicional

Señal externa y realidad interior:
• Romanos 2:17-29

Preguntas para la reflexión y la discusión

• ¿Qué querían decir los puritanos con «mejorar» nuestro bautismo?
• ¿De qué manera es el bautismo una «función del evangelio»? ¿Cómo se involucra personalmente el candidato en esto?
• ¿Cómo puede cumplir el bautismo la función de «sepultura» así como de una celebración de cumpleaños? ¿Es esto una contradicción de términos? ¿Por qué sí o por qué no?

14

Tercer cumpleaños

Mi bautismo apunta hacia mi tercer cumpleaños. ¿Qué quiere decir eso? Es el día que entraré a la eternidad en el calendario privado de Dios, así como lo fueron mis dos primeros cumpleaños, este será el día en el que mi corazón dejará de latir.

No sé cuándo o cómo sucederá; si después o sin previo aviso, si estaré más cerca de los diecinueve que de los noventa, ya sea en casa, en el hospital o al aire libre, ya sea pacíficamente o en agonía, ya sea a través de la decadencia natural como se describe en Eclesiastés 12 o a través de alguna enfermedad mortal o violencia humana o error de cálculo o incluso a través del regreso de Cristo para terminar con este mundo. Todo lo que sé es que algún día, de alguna manera, mi corazón se detendrá, tan seguro como que los huevos son huevos y que lo que el mundo llamará el «día de mi muerte», ese día será realmente mi cumpleaños, el tercero.

La vida por venir

¿Cuáles fueron mis otros dos cumpleaños? El número uno fue cuando dejé el vientre, para ver, sentir, alimentarme y gritar como un habitante de este mundo físico; el segundo fue cuando vine de la oscuridad espiritual, dieciocho años después, para ver sentir, alimentar y gritar sobre la salvación de Dios y el amor de Cristo por mí. Por «cumpleaños», como ves, no me refiero a un aniversario, sino a un día en el que empiezo a disfrutar de los regalos de Dios como nunca había imaginado. Eso es lo que traerá el día que mi corazón se detenga. Es por eso que el día de mi muerte será realmente un cumpleaños. D. L. Moody dijo: «Algún día te dirán que Moody está muerto. ¡No lo creas! Ese día estaré delante del trono; estaré más vivo que nunca». Sí, y yo también.

Un amigo escribió: «Oh Dios, estoy tan agradecido de haberte pedido que tengas el control de mi vida, que seas mi autoridad, mi Señor; estoy tan aliviado de que no dependa de mí elegir el momento de escribir "muerte", "se terminó" este caminar terrenal; porque, en mi humanidad, en mi torpeza inconsciente, ¡quizás nunca lo decida! Porque la muerte en realidad es la entrada a más en lugar de a menos, es más en lugar de ser menos, un aumento en lugar de una disminución, llenura en lugar de vacío, un cumpleaños en lugar de un velorio». Exactamente.

Vemos la muerte como una salida, una salida de la luz que amamos hacia una oscuridad odiosa. Así es para los incrédulos, pero para los cristianos, la muerte es una entrada, un camino que conduce desde este ocaso (espiritualmente, la vida aquí nunca es más que eso) a la luz del sol al ver a nuestro Dios. «Están delante del trono de Dios, y le sirven día y noche en su templo; y el que está sentado sobre el trono extenderá su tabernáculo sobre ellos. Ya no tendrán hambre ni sed, y el sol no caerá más sobre ellos, ni calor alguno; porque el Cordero que está en medio del trono los pastoreará, y los guiará a fuentes de aguas de vida; y Dios enjugará toda lágrima de los ojos de ellos» (Apoc. 7:15-17).

Como dijo Pablo, «partir y estar con Cristo [...] es muchísimo mejor» (Fil. 1:23). La muerte de un cristiano es un ascenso, no es una tragedia, sin importar cuán temprano llegue en la vida. Los deudos lloran por sí mismos y por los que quedan atrás. Cuando Cristiana, el personaje de Bunyan, murió, «sus hijos lloraron, pero el Sr. Gran corazón y el Sr. Valiente», dos hombres de fe que sabían de qué se trataba la muerte, «tocaron con el afinado címbalo y el arpa del gozo». «Si supiéramos lo que Dios sabe acerca de la muerte», dijo George MacDonald, «nos pondríamos a aplaudir».

Señal de esperanza

¿Cómo puedo estar seguro de todo esto? Primero por mi Biblia, segundo por mi bautismo. Los judíos no estaban familiarizados con el mar, y en las Escrituras, el agua (olas, profundidades, tormentas) representan con frecuencia el caos y la muerte. «Aguas cubrieron mi cabeza; yo dije: Muerto soy» (Lam. 3:54). Así que, en el bautismo, sumergirse en el agua significa morir físicamente con Jesús, así como morir moralmente a través del arrepentimiento y la abnegación, y salir del agua es un signo de continuidad con Jesús después de la muerte en la resurrección física, además de ser ahora una muestra de renovación espiritual.

Por lo tanto, el rito del bautismo es una promesa de Dios de que la muerte no terminará con mi existencia o mi gozo, porque un nuevo don de vida anulará la sentencia de muerte; y que haya sido pasivo cuando el ministro de Dios me bautizó me enseña que puedo y debo depender de la gracia activa de Dios para llevarme a casa. La promesa de Dios para mí en mi bautismo se extiende hasta mi lecho de muerte y después, cuando el Señor Jesús me lleve a Su presencia (Juan 14:1-3; 17:24). Cuando Browning escribió «lo mejor está por venir», tenía razón. Mi tercer cumpleaños aún está por llegar.

Estudio bíblico adicional

¡Bienvenido a casa!:
- Juan 14:1-4
- Lucas 23:39-43
- 1 Pedro 1:1-9
- 2 Pedro 1:1-11

Preguntas para la reflexión y la discusión

- ¿Estás de acuerdo en que la muerte es un cumpleaños y no un velorio? Explica tu respuesta.
- ¿Cómo difiere la perspectiva de la muerte para los cristianos y los no cristianos?
- ¿Qué nos dice nuestro bautismo sobre nuestra muerte?

Tercera Parte

Aprender a orar:

el Padrenuestro

El Padrenuestro

«Oren de esta manera:
"Padre nuestro que estás en los cielos,
Santificado sea Tu nombre.
Venga Tu reino.
Hágase Tu voluntad,
Así en la tierra como en el cielo.
Danos hoy el pan nuestro de cada día.
Y perdónanos nuestras deudas,
como también nosotros hemos
perdonado a nuestros deudores.
Y no nos dejes caer en tentación,
sino líbranos del mal.
[Porque Tuyo es el reino y el poder
y la gloria para siempre. Amén"»].

(MATEO 6:9-13, NBLA)

La frase entre corchetes se encuentra en algunos manuscritos antiguos, aunque no en todos.

Prefacio

Estas tres venerables fórmulas, como estamos viendo, son añadidas juntas al cristianismo: el Credo, los Diez Mandamientos y el Padrenuestro, y resumen respectivamente la forma cristiana de creer, comportarse y comunicarse con Dios.

El Padrenuestro en particular es una maravilla compacta y llena de significado. Es un compendio del evangelio (Tertuliano), el corazón de la divinidad (Thomas Watson), una regla de propósito así como de petición, y por lo tanto una clave para todo el negocio de la vida. Lo que significa ser cristiano no está más claro en ninguna otra parte.

Al igual que otros catecismos de la Reforma, el catecismo del *Libro de Oración Anglicano* se centra en los tres resúmenes. Sobre el Padrenuestro, dice:

Pregunta: ¿Qué deseas de Dios en esta oración?
Respuesta: Deseo que mi Señor Dios, nuestro Padre celestial, que es el dador de toda bondad, me envíe Su gracia a mí y a todas las personas, para que podamos adorarlo, servirlo y obedecerlo, como debemos hacerlo. Le pido a Dios que nos envíe todas las cosas que sean necesarias tanto para nuestras almas como para nuestros cuerpos; y que sea misericordioso con nosotros y nos perdone nuestros pecados; y que le agrade salvarnos y defendernos de todos los peligros fantasmales (es decir, espirituales) y corporales; y que Él nos guarde de todo pecado y maldad y de nuestro enemigo fantasmal y de la muerte eterna. Confío en que esto lo hará

por Su misericordia y bondad, a través de nuestro Señor Jesucristo. Por eso digo: Amén. Que así sea.

Estas palabras nos dan una idea, pero en los siguientes estudios trataré de explicarlo.

1

Oren

Orar a Dios es un problema para muchos hoy en día. Algunos lo hacen sin tener idea de por qué; algunos han cambiado la oración por pensamientos calmados o la meditación trascendental; la mayoría, tal vez, ha abandonado la oración por completo. ¿Por qué es un problema? La respuesta es clara. Las personas sienten que hay un problema con la oración debido a la confusión que tienen sobre Dios. Si no estás seguro de si Dios existe o si es personal o bueno o si tiene el control de las cosas o si se preocupa por la gente común como tú y yo, estás obligado a concluir que orar es bastante inútil, por no decir trivial, y entonces no lo harás.

Pero si crees, como lo hacen los cristianos, que Jesús es la imagen de Dios (en otras palabras, que Dios es como Jesús en carácter), entonces no tendrás esas dudas y verás que para nosotros hablar con el Padre y el Hijo en oración es tan natural como lo fue para Jesús hablar con Su Padre en el cielo o para los discípulos hablar con su Maestro en los días de Su ministerio terrenal.

Una conversación bilateral

Las conversaciones con padres o amigos sabios a quienes amamos y respetamos y quienes están listos para ayudarnos con consejos y acciones no se sienten inútiles ni tediosas y con gusto les damos tiempo; de hecho, programamos tiempo para ellas porque las valoramos y son beneficiosas. Así es como debemos pensar en los tiempos de comunión con Dios en oración. Cuando el santo metodista Billy Bray dijo, como lo solía hacer: «Debo hablar con el Padre sobre esto», se refería a la oración.

Entonces, ¿Dios realmente nos habla cuando oramos? Sí. Probablemente no escucharemos voces, ni tendremos impresiones repentinas y fuertes de un mensaje dentro de nosotros (y seremos sabios al sospechar de tales experiencias si se cruzan en nuestro camino); pero al analizar y verbalizar nuestros problemas ante el trono de Dios y decirle lo que queremos y por qué lo queremos y meditar en ciertos pasajes y principios de la Palabra escrita de Dios relacionados al tema que hemos llevado delante de Dios, entonces encontraremos muchas certezas que se cristalizan en nuestros corazones en cuanto a cómo Dios nos ve, nuestras oraciones y Su voluntad para nosotros y para los demás. Si te preguntas: «¿Por qué está sucediendo esto o aquello?», puede que no obtengas respuesta porque «las cosas secretas pertenecen a Jehová nuestro Dios» (Deut. 29:29); pero si te preguntas: «¿Cómo puedo servir y glorificar a Dios aquí y ahora en donde estoy?», siempre habrá una respuesta.

Hechos para orar

No es exagerado decir que Dios nos hizo para orar; que la oración no es la más fácil, pero sí la actividad más *natural* en la que nos involucramos; y que la oración es la medida de todos nosotros ante los ojos de Dios. «El hombre que está solo de rodillas ante Dios», dijo el santo Murray McCheyne, «es él mismo y nada más».

Tal vez los discípulos de Jesús sintieron esto cuando hicieron su petición trascendental (¿alguna vez te has sentido identificado con ella?): «Señor, enséñanos a orar» (Luc. 11:1). Jesús debe haberse regocijado de que le preguntaran esto. Como buen maestro, sin embargo, controló Sus sentimientos y dio una respuesta práctica. «Cuando oren, digan» y por segunda vez en Su ministerio público les dio las palabras que llamamos el Padrenuestro (Luc. 11:2-4; comp. Mat. 6:9-13).

«Digan…». ¿Jesús tenía la intención de que repitieran las palabras de memoria? No, sino que eran palabras que abarcaban un sentido. «Digan», podríamos decir, significa «¡díganlo en serio!». Esta oración es un modelo para toda oración cristiana; Jesús está enseñando que la oración será aceptable cuando —y solo cuando— las actitudes, pensamientos y deseos expresados se ajusten a ese patrón. Es decir, cada una de nuestras oraciones debe ser una oración del Padrenuestro en cierta forma.

Aprender a orar

«¡La experiencia no se puede enseñar!». La frase viene de un folleto sobre el empleo juvenil, pero es una verdad tan profunda sobre la oración como lo es sobre las habilidades para ganar un sueldo. Orar, así como cantar, es algo que uno aprende a hacer y no al leer libros (¡ni siquiera este!), sino realmente haciéndolo. Es una actividad tan natural y espontánea que puedes llegar a ser bastante competente en ella sin siquiera leer al respecto. Sin embargo, así como entrenar la voz te ayuda a cantar mejor, la experiencia y el consejo de otros pueden ayudarnos a orar con un mejor propósito. La Biblia está llena de modelos de oración: 150 patrones de alabanza, petición y devoción están contenidos en el Salterio, y también se registran muchos más ejemplos de oración adecuada, junto con mucha enseñanza sobre el tema.

Ciertamente no deberíamos contentarnos con repetir las oraciones de otras personas, ni Dios estaría contento si lo hiciéramos (porque ¿qué padre podría ser feliz si su hijo solo le citara frases, limitando su conversación a repetir los sentimientos de otras personas?). Pero, así como cuando otro pianista interpreta una pieza puede ayudar a un músico a ver cómo puede tocarla mejor (o quizás de la misma manera), también se nos ayuda a encontrar nuestro propio camino en la oración al ver cómo otros han orado y de hecho al orar con ellos, pero sobre todo, tenemos el Padrenuestro como nuestra guía.

Así como el análisis de la luz requiere una referencia a los siete colores del espectro que lo componen, el análisis del Padrenuestro requiere referencia a un espectro de siete acciones distintas: *acercarse* a Dios en adoración y confianza; *reconocer* Su obra y Su valor, en alabanza y adoración; *admitir* el pecado y buscar perdón; *pedir* que se satisfagan las necesidades, para nosotros y para los demás; *insistirle* a Dios por bendición, como lo hizo Jacob cuando luchó en Génesis 32 (a Dios le encanta que discutan con Él); *aceptar* de Dios la situación tal como Él la ha moldeado; y *adherirse* a Dios en fidelidad en las buenas y en las malas. Estas siete acciones juntas constituyen la oración bíblica y el Padrenuestro las encarna todas.

Así que el Padrenuestro debe ser puesto a servicio para dirigir y estimular nuestra oración constantemente. Orar en sus términos es la manera más segura de mantener nuestras oraciones dentro de la voluntad de Dios; orar a través de él, expandiendo cada frase a medida que avanzamos, es la forma más segura de prepararnos para cuando nuestra oración se seca y nos encontramos atascados. Nunca iremos más allá de esta oración; no solo es la primera lección del Señor en la oración, sino también es todas las demás lecciones. Señor, enséñanos a orar.

Estudio bíblico adicional

La naturalidad de la oración:
- Salmo 27; 139

Preguntas para la reflexión y la discusión

- ¿Cómo afecta la comprensión que uno tiene sobre Dios a la oración?
- ¿Por qué la oración es «la actividad más natural en la que nos involucramos»?
- ¿En qué sentido cada oración debe ser un espejo del Padrenuestro?

2

De esta manera

«Oren de esta manera». Así introdujo Jesús el Padrenuestro en el Sermón del Monte (Mat. 6:9-13, NBLA). Entonces vemos con claridad que la oración se nos da para que sea un patrón para nuestros pensamientos en oración, así como una forma verbal establecida. ¿Cómo es este patrón? Lo veremos de forma panorámica.

La manera de dirgirse a Dios (invocación) con la que se abre la oración está llena de significado. Debe haber sorprendido a los discípulos, porque en el judaísmo, llamar a Dios «Padre» no era algo que se hacía. Sin embargo, Jesús nos enseña a hacerlo, en otras palabras, a buscar acceso y ser bienvenidos a la presencia de Dios sobre la base de que somos hijos en Su familia y que Él nos ve con el amor de un padre. Luego, a esto debemos unir el pensamiento de que nuestro Padre está «en el cielo», en otras palabras, que Él es Dios, soberano y autoexistente, el Dios que está *allí* y *a cargo*. El amor paternal por un lado y Su grandeza trascendente por el otro, son dos cualidades de Dios que el resto de la oración supone en cada punto.

Luego vienen tres peticiones centradas en Dios, las cuales expresan juntas la actitud requerida de lo que Jesús llamó «el primero y grande mandamiento: Amarás al Señor tu Dios con todo tu corazón...» (Mat. 22:38, 37).

La primera petición es que el *nombre* de Dios sea santificado. «Nombre» en la Biblia significa «persona», y la santificación del nombre de Dios significa reconocer a Dios como santo, siendo reverentes a Él por toda Su revelación, adorándolo y obedeciéndolo como corresponde.

La segunda petición es que venga el *reino* de Dios. El «reino» de Dios significa la exhibición pública de Su poder imperante en la salvación; la oración para que venga Su reino es una súplica para que Su señorío pueda ser visto y sometido y Su gracia salvadora sea experimentada en todo el mundo, hasta que Cristo regrese y todas las cosas sean hechas nuevas.

La tercera petición pide que se haga la *voluntad* de Dios; es decir, que todos Sus mandamientos y propósitos se cumplan perfectamente.

Dios primero, luego el hombre

Siguen tres peticiones centradas en el hombre. Al ponerlas después de las peticiones para la exaltación de Dios, la oración nos recuerda que debemos pedir la satisfacción de nuestras necesidades personales particulares *como un medio para la gloria de nuestro Padre,* y no en ningún espíritu que busque doblegar la voluntad de Dios a la nuestra. Se nos dice que pidamos provisión de pan, perdón de pecados y protección contra la tentación y el tentador («mal» significa «el maligno»). Todas nuestras necesidades están en principio cubiertas aquí, todas las necesidades de cosas materiales; toda necesidad de renovación y restauración espiritual; toda necesidad de ser guiados y ayudados.

El «final de alabanza» atribuye a Dios el *reino* (es decir, lo aclama como Dios en el trono), el *poder* (es decir, lo adora como el Dios capaz de hacer todo lo que pedimos) y la *gloria* (es decir, declara: «te alabamos, oh, Dios» aquí y ahora). Aunque los primeros manuscritos dejan claro que esta parte no viene de los labios de Cristo, ¡no se puede negar que encaja!

Dios guía la conversación

Cuando hablamos con padres y amigos sobre nuestras ansiedades y problemas, cuando buscamos su ayuda, a menudo tienen que tomar las riendas de la conversación para darle el sentido que nuestras mentes desordenadas no logran darle. Todos sabemos lo que es expresar todos nuestros problemas, derramándolos como una inundación, y ser rescatados con la frase: «Espera un minuto, vamos a ordenar esto. Primero háblame de nuevo sobre fulano de tal... Ahora dime cómo te sentiste al respecto... Entonces, ¿cuál es el problema?». Así nos ayudan a entendernos.

Necesitamos ver que el Padrenuestro es un modelo que nos ofrece respuestas a la serie de preguntas que Dios nos hace para dar forma a la conversación que tenemos con Él. Entonces: «¿Quién soy yo para ti?» (*Padre nuestro que estás en los cielos*). «Estableciendo primero eso, ¿qué es lo que realmente quieres?» (*la santificación de tu nombre; la venida de tu reino; para que tu voluntad sea conocida y hecha*). «Entonces, ¿qué estás pidiendo en este momento, como un medio para ese fin?» (*provisión, perdón, protección*). Entonces el «final de alabanza» responde a la pregunta: «¿Cómo puedes ser tan audaz y confiado al pedir estas cosas?» (*¡Porque sabemos que puedes hacerlo y cuando lo hagas, te traerá gloria!*). Espiritualmente, este conjunto de preguntas nos ayuda a ordenar la mente de una forma más saludable.

A veces, cuando oramos, sentimos que no hay nadie allí para escuchar y estamos tentados a pensar que nuestros sentimientos nos dicen la verdad. Lo que finalmente disipa esta tentación ante Dios es una nueva comprensión (dada por el Espíritu, sin duda) de que Dios realmente nos está cuestionando de la manera descrita, requiriendo que le digamos sinceramente lo que pensamos sobre Él, qué queremos de Él y por qué.

Es parte de la enseñanza del Padrenuestro que esto sea así, lo cual, desde este punto de vista, es como el dibujo de un niño que contiene un objeto oculto. Al principio, lo ves y no ves el objeto; luego te das cuenta y cada vez que miras la imagen después de eso, es imposible ya no verlo. El objeto oculto en este caso es el Dios que hace las preguntas a las que el Padrenuestro, punto por punto, responde en conjunto de manera adecuada. Solo cuando entendemos esto es que podemos usar el patrón de oración de la manera que Su Autor y Maestro quiso que lo hiciéramos.

Estudio bíblico adicional

Una oración modelo:
• Juan 17

Preguntas para la reflexión y la discusión

- ¿En base a qué debemos buscar el acceso a la presencia de Dios? ¿Crees que tienes ese acceso? ¿Cuáles son tus razones para decir sí o no?
- ¿Qué tiene que ver el Padrenuestro con amar a Dios con todo nuestro corazón?
- Ilustra las formas en las que el Padrenuestro podría ser necesario para reformular las oraciones que podemos hacer.

3

Padre nuestro

El Padrenuestro está escrito en términos familiares: Jesús nos enseña a invocar a Dios como nuestro Padre, tal como Él mismo lo hizo; mira Su oración en el Getsemaní, por ejemplo, o Su oración sacerdotal en Juan 17, en la que repite «Padre» seis veces. Sin embargo, surge una pregunta. Jesús era el Hijo de Dios por naturaleza, la segunda persona de la Deidad eterna. Nosotros, por el contrario, somos criaturas de Dios. ¿Con qué derecho, entonces, podemos llamar a Dios «Padre»? Cuando Jesús enseñó esta manera de dirigirse, ¿estaba implicando que la condición de criatura, como tal, implica adopción... o qué?

Adoptado

Entender esto es vital. Lo que Jesús quiso decir, como vimos en un estudio anterior, no es que todos los hombres son hijos de Dios por naturaleza, sino que Sus discípulos comprometidos han sido adoptados en la familia de Dios por gracia. «A todos los que le recibieron, a los que creen en su nombre, les dio potestad de ser hechos hijos de Dios» (Juan 1:12). Pablo declara esto como el propósito de la encarnación: «Dios envió a su Hijo [...] a fin de que recibiésemos la adopción de hijos» (Gál. 4:4-5). La oración a Dios como Padre es solo para los cristianos.

Esto resuelve un rompecabezas. En otra parte, Jesús enfatizó que Sus discípulos debían orar en Su nombre y a través de Él; es decir, mirándolo como nuestra forma de acceso al Padre. Ver Juan 14:6, 13; 15:16; 16:23-26. ¿Por qué no hay nada de esto en la oración modelo? De hecho, sí está presente aquí; está implícito en «Padre». Solo aquellos que miran a Jesús como Mediador y el que lleva el pecado, y van a Dios a través de Él, tienen el derecho de invocar a Dios como Sus hijos.

Hijos y herederos

Si vamos a orar y vivir como deberíamos, es necesario comprender las implicaciones de la paternidad misericordiosa de Dios.

Primero, como hijos adoptivos de Dios, somos *amados* no menos que Aquel a quien Dios llamó Su «Hijo amado» (Mat. 3:17; 17:5). En algunas familias que tienen hijos biológicos y adoptados, los primeros son favorecidos por encima de los segundos, pero ninguna disfunción de este tipo empaña la paternidad de Dios.

Esta es la mejor noticia que alguien ha escuchado. Significa que, como Pablo declara triunfalmente, nada, «ninguna otra cosa creada nos podrá separar del amor de Dios, que es en Cristo Jesús Señor nuestro» (Rom. 8:39). Significa que Dios nunca nos olvidará o dejará de cuidarnos y que sigue siendo nuestro Padre tolerante incluso cuando actuamos como pródigos (como, por desgracia, todos lo hacemos a veces).

Significa también que, como dice el *Libro de Oración Anglicano*, Él «siempre está más dispuesto a escucharnos que nosotros a orar» y está «acostumbrado a dar más de lo que deseamos o merecemos». «Pues si vosotros, siendo malos», dijo nuestro Señor, «sabéis dar buenas dádivas a vuestros hijos, ¿cuánto más vuestro Padre que está en los cielos dará buenas cosas a los que le pidan?» (Mat. 7:11; el dicho paralelo en Lucas 11:13 tiene «Espíritu Santo» para «buenas cosas» y el ministerio permanente del Espíritu Santo era seguramente una de las buenas cosas que Jesús tenía en mente). Conocer esta verdad del amor paternal de Dios hacia nosotros nos da una confianza ilimitada no solo para orar, sino para toda nuestra vida.

Segundo, somos *herederos* de Dios. La adopción en el mundo antiguo era para asegurar un heredero, y los cristianos son coherederos con Cristo de la gloria de Dios (Rom. 8:17). «Ahora somos hijos de Dios […] cuando él se manifieste, seremos semejantes a él» (1 Jn. 3:2). Ya «todo es vuestro» en el sentido de que promueve tu bien aquí y tu gloria en el más allá, porque «vosotros [sois] de Cristo» (1 Cor. 3:21-23; Rom. 8:28-30). Comprender esto es saber que uno es rico y privilegiado más allá de cualquier monarca o millonario.

Tercero, tenemos el *Espíritu de Dios* en nosotros. Con el estatus de nuestra relación cambiada con Dios (adopción) viene un cambio de dirección y deseo, de perspectiva y actitud, que la Escritura llama regeneración o nuevo nacimiento. Aquellos que «creen en» el «nombre» de Jesús «son engendrados […] de Dios» (Juan 1:12 ss.) o con más precisión «[nacidos] del Espíritu» (3:6; ver vv. 3-8). «Por cuanto sois hijos», dice Pablo, «Dios envió a vuestros corazones el Espíritu de su Hijo, el cual clama: [es decir, impulsándonos a llorar, espontáneamente, como expresión de un nuevo instinto espiritual] ¡Abba, Padre!» (Gál. 4:6). Y cuando, en nuestra angustia (y esto nos pasa a todos), nos encontremos muy confundidos, con el corazón paralizado y con la lengua trabada en oración, al punto de que «pedir como conviene, no lo sabemos», entonces nuestro propio deseo de orar y nuestro dolor al no hacerlo muestra que el Espíritu mismo está intercediendo eficazmente por nosotros en nuestros corazones (Rom. 8:26 ss.); lo cual es tan tranquilizador como misterioso y tan emocionante como asombroso.

Cuarto, debemos *honrar* a nuestro Padre sirviendo a Sus intereses. El centro de nuestra preocupación debe ser «tu nombre […] reino […] voluntad» y debemos ser como buenos niños en familias humanas, listos para obedecer instrucciones.

Quinto, debemos amar a nuestros *hermanos*, con constante cuidado y oración por ellos. El Padrenuestro nos enseña en la intercesión por las necesidades de la familia: «Padre nuestro […] danos […] perdónanos […] no nos dejes […] líbranos». ¡Está hablando en plural; no pido solo para mí! Para el hijo de Dios, la oración no es «huir solo y sin compañía al Único Dios», sino que la preocupación por la familia está incorporada en ella.

Así que debemos expresar fe en Cristo, confianza en Dios, gozo en el Espíritu Santo, un propósito de obediencia y preocupación por nuestros hermanos cristianos cuando vamos a Dios y lo llamamos «Padre». Solo así responderemos a la intención de Jesús al enseñarnos esta forma de dirigirnos a Él.

Alabanza y acción de gracias

Así como la invocación de Dios como Padre abre este modelo de oración, la comprensión renovada de la relación familiar (Su paternidad y nuestra adopción por gracia) siempre debe ser lo primero en nuestra práctica de la oración. Toda oración correcta empieza con una larga mirada hacia Dios y una exaltación deliberada del corazón para dar gracias y adorar, y es precisamente a esto a lo que el «Padre» nos llama. La acción de gracias por la gracia y la alabanza por la paternidad de Dios y el gozo en nuestra adopción y herencia deben ser grandes en la oración cristiana, y si nunca llegamos más allá de ellas, todavía deberíamos estar orando con un buen propósito. ¡Lo primero es lo primero!

Así que pregunto: ¿Oramos siempre a Dios como Padre? ¿Siempre lo alabamos cuando oramos?

Estudio bíblico adicional

La paternidad de Dios:
* Romanos 8:12-25
* Mateo 6:1-16

Preguntas para la reflexión y la discusión

* ¿Qué nos da el derecho de llamar a Dios nuestro Padre? ¿Por qué solo los cristianos pueden hacerlo?
* ¿Cuál es la importancia de darnos cuenta de nuestra adopción a Dios cuando oramos?
* ¿Por qué se dice que: «El Padrenuestro nos enseña a interceder por las necesidades de la familia»?

4

Que estás en los cielos

L a vitalidad de la oración es impulsada en gran medida por
el concepto que tenemos sobre Dios. Los pensamientos
monótonos sobre Dios hacen que la oración sea aburrida.
(¿Podría ser este tu problema?). Una vez se publicó un libro con
el título *Grandes oraciones de la Biblia:* la señal de las grandes oraciones en la Biblia o en cualquier otro lugar es que expresan una
gran comprensión de un gran Dios.

La forma en que se invoca a Dios en el Padrenuestro nos lleva
a esa comprensión. «Padre nuestro» habla de la calidad y profundidad del amor de Dios al pueblo de Cristo; todo el cuidado
sostenido y la preocupación que un padre perfecto podría mostrar.
«Que estás en los cielos» nos presenta el hecho de que nuestro
Padre divino es grande, eterno, infinito, todopoderoso. Así nos
hace darnos cuenta de que el amor de Dios es inmutable, ilimi-
tado, inconquistable en Su propósito y más que capaz de hacer
frente a todas las necesidades que traemos cuando oramos. La
oración moldeada y apoyada por pensamientos como este no será
aburrida.

El cielo

Puesto que Dios es espíritu, el «cielo» aquí no puede referirse a
un lugar apartado de nosotros en el que Él habita. Se pensaba que

los dioses griegos pasaban la mayor parte de su tiempo lejos de la tierra en el equivalente celestial de las Bahamas, pero el Dios de la Biblia no es así. Por supuesto, el «cielo» donde moran los santos y los ángeles tiene que ser considerado como una especie de lugar, porque los santos y los ángeles, como criaturas de Dios, existen en el espacio y el tiempo; pero cuando se dice que el Creador está «en el cielo», el pensamiento es que existe en un «plano» diferente al nuestro y no en un lugar diferente. Que Dios en el cielo está siempre cerca de Sus hijos en la tierra es algo que la Biblia da por sentado en todo momento.

Adoración

El conocimiento de la grandeza de Dios debe humillarnos (¡reducirnos a nuestro tamaño!) y movernos a adorar. El Padrenuestro estaba destinado a enseñarnos, no solo a pedir cosas, sino también a adorar a Dios por todo lo que es y así «santificar su nombre» en nuestros corazones. Los ángeles y los santos en gloria adoran a Dios como Padre (Ef. 3:14 ss.) y así debemos hacerlo en la tierra.

Saber que nuestro Padre Dios está en el cielo o (dicho al revés) saber que el Dios en el cielo es nuestro Padre, tiene como propósito aumentar nuestra maravilla, gozo y sentido de privilegio al ser Sus hijos y recibir la «línea directa» u oración para la comunicación con Él. Es realmente una «línea directa» porque, aunque Él es el Señor de los mundos, siempre tiene tiempo para nosotros; Él está atento a todo, en todo momento; sin embargo, siempre tenemos toda Su atención cada vez que lo llamamos. ¡Maravilloso! Pero ¿realmente lo hemos asimilado? Merece mucha reflexión y hay dos caminos a lo largo de los cuales nuestras mentes pueden viajar para comprenderlo correctamente.

1) Pensemos primero en la grandeza de Dios, como Creador infinito y eterno que «habita en luz inaccesible» (1 Tim. 6:16), aparentemente apartado. Piensa en la pregunta de Salomón: «¿Dios habitará con el hombre en la tierra? He aquí, los cielos y los cielos de los cielos no te pueden contener» (2 Crón. 6:18). Pero luego piensa en la respuesta que Dios le da a Salomón: «Porque así dijo el Alto y Sublime, el que habita la eternidad, y cuyo nombre es el Santo: Yo habito en la altura y la santidad, y con el quebrantado y humilde de espíritu» (Isa. 57:15). Luego recuérdate que

esta promesa encuentra su cumplimiento más profundo cuando Dios se convierte en el Padre de mortales pecadores insignificantes como nosotros, pecadores que son *quebrantados* en arrepentimiento y *humildes* al reconocer que no lo merecen y acudir por fe a Jesús en busca de refugio. Porque este asombroso, santo y trascendente Dios se inclina en amor para levantarnos del lodo, por así decirlo, nos trae a Su familia, se entrega a nosotros en comunión incondicional y así nos enriquece para siempre.

2) También puedes pensar de esta otra forma en la paternidad de Dios, y luego recordar que Él está «en el cielo» (un Padre «celestial», como decimos); lo que significa que está libre de todas las limitaciones, insuficiencias y defectos que se encuentran en los padres terrenales y que Su paternidad, como todas Sus otras relaciones, es desde todo punto de vista absolutamente ideal, perfecta y gloriosa. Piensa en que no hay mejor padre, ningún padre más profundamente comprometido con el bienestar de Sus hijos o más sabio y generoso en favorecerlo, que Dios el Creador.

Deja que tus pensamientos se muevan de un lado a otro como un péndulo en movimiento rápido, tomando oscilaciones cada vez más amplias. «Él es mi Padre y es Dios en los cielos; Él es Dios en el cielo, ¡y él es mi Padre! Es increíble, ¡pero es verdad!». Capta esto o, mejor dicho, deja que te impacte; luego dile a Dios lo que sientes al respecto; y esa será la alabanza que nuestro Señor quiso despertar cuando nos dio este modelo de pensamiento para la invocación de Aquel que es a la vez Su Padre y el nuestro.

Estudio bíblico adicional

En contacto con el Dios trascendente:
• Isaías 40

Preguntas para la reflexión y la discusión

• ¿Por qué es importante que el Dios a quien oramos esté en el cielo?
• ¿Qué significa decir que Dios «existe en un plano diferente al nuestro, en lugar de en un lugar diferente»? ¿Qué nos dice esto sobre Dios?
• ¿Qué respuesta debe despertar en nosotros el conocimiento de la grandeza de Dios?

5

Santificado sea
Tu nombre

S i no fuéramos guiados, cualquier oración que hiciéramos empezaría y terminaría con nosotros mismos, porque nuestro egocentrismo natural no conoce límites. De hecho, mucha oración pagana de este tipo ocurre entre personas supuestamente cristianas. Pero la oración modelo de Jesús, que es a la vez la muleta que nos enseña a caminar a los espiritualmente cojos como nosotros, nos dice que empecemos con Dios: porque la primera lección es entender que Dios importa infinitamente más que nosotros. Así que «Tú» es la palabra clave de las tres peticiones iniciales, y la primera petición de todas es «santificado (santo) sea *Tu nombre*», la cual es la petición más grande y básica de toda la oración. Entiéndela, hazla tuya y habrás desbloqueado el secreto tanto de la oración como de la vida.

Gloria a Dios

¿Qué estás pidiendo cuando dices «santificado sea Tu nombre»? El «nombre» de Dios en la Biblia con frecuencia significa la *persona* que Él ha revelado ser. «Santificado» significa conocido, reconocido y honrado como santo. «Santo» es la palabra bíblica para todo lo que hace a Dios diferente de nosotros, en particular Su asombroso poder y pureza. Esta petición, entonces, pide que la alabanza y el honor del Dios de la Biblia y solo la suya, sean la cuestión de todo.

La idea de que «la gloria sea solo para Dios» es un lema que distingue a Juan Calvino, y sus admiradores no se lo refutan, pero es un golpe demoledor a todas las demás versiones del cristianismo. Sin embargo, cada escuela de pensamiento cristiano insiste, más o menos con lucidez, en que, en lugar de impulsarnos a nosotros mismos, la alabanza a Dios es el propósito correcto de la vida del hombre. «No a nosotros, oh Jehová, no a nosotros, sino a tu nombre da gloria» (Sal. 115:1).

Un sentido de dirección

¿Quién puede hacer esta petición y decirla en serio? Solo aquel que ve toda la vida a través de este punto de vista. Tal hombre no caerá en la trampa de la súper espiritualidad, aquella que se concentra en la redención de Dios e ignora Su creación; esta persona, por muy devota y bien intencionada que sea, está ajena a cuestiones terrenales en más de un sentido y daña su propia humanidad. En cambio, verá todo como un derivado de la mano del Creador y, por lo tanto, como fundamentalmente bueno y fascinante, independiente de lo que el hombre haya hecho con eso (belleza, sexo, naturaleza, niños, artes, artesanías, comida, juegos, sin dejar de mencionar la teología y las cosas de la Iglesia). Entonces, en agradecimiento y gozo, vivirá de tal manera que ayude a otros a ver los valores de la vida y alabe a Dios por ellos, como él lo hace. De forma suprema, en esta era monótona, santificar el nombre de Dios empieza aquí, con una actitud de gratitud por la bondad de la creación.

Pero no se detiene aquí. Santificar el nombre de Dios requiere alabanza por la bondad y grandeza de Su obra redentora también, con su deslumbrante fusión de sabiduría, amor, justicia, poder y fidelidad. A través de la sabiduría, Dios encontró una manera de justificar lo injusto con justicia; en amor dio a Su Hijo como nuestro sustituto para soportar la agonía de la muerte por nosotros; en justicia hizo que el Hijo sufriera la sentencia que merecía nuestra desobediencia; con poder nos une a Cristo resucitado, renueva nuestros corazones, nos libera de la esclavitud del pecado y nos mueve a arrepentirnos y creer; y en fidelidad nos guarda de caer, como prometió (ver Juan 10:28 ss.; 1 Cor. 1:7 ss.; 1 Ped. 1:3-9), hasta que nos lleve triunfalmente a nuestra gloria final. ¡No nos salvamos a nosotros mismos!

Ni la gracia salvadora del Padre, ni la obra salvadora del Hijo, ni nuestra propia fe salvadora se originan en nosotros; todo es don de Dios. La salvación, de principio a fin, es del Señor, y la santificación del nombre de Dios requiere que reconozcamos esto y que lo alabemos y adoremos por todo ello, y esto no es todo. El nombre de Dios solo es santificado por completo cuando es adorado al ordenar todas las cosas para el bien supremo de Su pueblo (comp. Rom. 8:28) y también por la verdad y confiabilidad de Su Palabra escrita, que todo creyente debe valorar ya que «lámpara es a mis pies tu palabra, y lumbrera a mi camino» (Sal. 119:105). «Has engrandecido tu nombre, y tu palabra sobre todas las cosas», dice el salmista (138:2, margen) y así debemos hacerlo. El nombre de Dios, es decir, Dios mismo, es deshonrado si Sus hijos viven con miedo, como si su Padre hubiera perdido el control de su mundo o en incertidumbre, como si no se atrevieran a seguir el ejemplo de su hermano mayor y recibir la enseñanza y las promesas de la Biblia como instrucción del Padre mismo. Hay, desgraciadamente, un fracaso generalizado hoy en día para santificar el nombre de Dios de esta manera.

La santificación es completamente por *gratitud*; lo que deshonra a Dios es la falta de aprecio y la falta de gratitud, la cual Pablo señala como la causa y raíz de la caída de los hombres lejos de Dios (Rom. 1:20 ss.). Al ser no solo conocedores, sino también agradecidos y al expresar gratitud en obediencia grata, honramos y glorificamos a nuestro Hacedor. «Santificado sea tu nombre» expresa el deseo de que nosotros mismos junto con todos los seres racionales demos gloria a Dios de esta manera.

La Escritura llama al espíritu que santifica el nombre de Dios el «temor» del Señor, lo que significa asombro y estima por la majestad de Dios, por un lado, y humilde confianza (isí, confianza, no desconfianza o miedo!), por el otro. Un texto clásico aquí es el Salmo 111. «Alabaré a Jehová [...]. Grandes son las obras de Jehová [...]. Gloria y hermosura [...] verdad y juicio; fieles son todos sus mandamientos [...] para siempre ha ordenado su pacto; santo y temible es su nombre». Y luego, «el principio de la sabiduría [discernimiento de la manera de vivir] es el temor de Jehová [la respuesta de alabanza por las obras y palabras de Dios, que el salmo ha estado expresando]».

El antiguo término de respeto, «temeroso de Dios» (rara vez se usa hoy, tal vez, porque hay pocos a quienes se aplicaría), normalmente llevaba la implicación del sentido común y de una humanidad madura, así como de una vida piadosa. Esto reflejaba la comprensión de los cristianos del pasado de que los dos van juntos; la verdadera reverencia por el nombre de Dios conduce a la verdadera sabiduría, realista y astuta; y cuando los cristianos parecen tontos y superficiales, uno tiene que preguntarse si ya han aprendido lo que significa la santificación del nombre de Dios.

El fin principal del hombre

«El fin principal del hombre», dice magníficamente el *Catecismo Menor*, «es glorificar a Dios y disfrutarlo para siempre». El fin, observa, no dice «fines»; porque las dos actividades son una. El fin principal de Dios, con propósito en todo lo que hace, es Su gloria (¿y qué fin superior podría tener?) y nos ha hecho de tal manera que encontramos nuestra propia satisfacción más profunda y nuestro mayor gozo en santificar Su nombre al alabarlo, someternos y servirlo. Dios no es sádico, y el principio de nuestra creación es que, lo creas o no (y por supuesto muchos no lo hacen, al igual que Satanás no lo hace), nuestro deber, interés y deleite coinciden completamente.

Los cristianos se obsesionan tanto con la idea pagana (muy deshonrosa para Dios, por cierto) de que la voluntad de Dios siempre es desagradable, de modo que uno es más bien un mártir al hacerla, que difícilmente se dan cuenta de cómo su experiencia verifica la verdad de que en la vida cristiana el deber y el deleite van juntos. ¡Pero así es! Y será aún más evidente en la vida venidera. Entregarse a santificar el nombre de Dios como tarea de la vida significa que vivir, aunque nunca sea un simple paseo, se convertirá cada vez más en un camino de gozo. ¿Puedes creerlo? Bueno, ¡la única forma de descubrirlo es probándolo! Hazlo y verás.

Estudio bíblico adicional

El nombre de Dios glorificado:
• Salmo 148

Preguntas para la reflexión y la discusión

• ¿En qué se diferencia el Padrenuestro de las oraciones que haríamos por nuestra propia cuenta?
• En tus propias palabras, ¿qué significa santificar el nombre de Dios?
• ¿Cómo afecta a la perspectiva de la vida la creencia de que todo viene en última instancia de Dios?

6

Venga Tu reino

Que «el Señor es rey» porque es el ser soberano sobre Su mundo, se da por sentado en toda la Biblia. Pero la *realeza* de Dios y Su *reino* son asuntos diferentes. El primero es un hecho de la creación, llamado comúnmente providencia. El segundo es una realidad de la redención, denominado correctamente como gracia.

Esta es una distinción bíblica en esencia, pero el vocabulario de las Escrituras no la muestra. *Reino* se usa en ambos Testamentos, tanto para el dominio soberano universal de Dios como para Su relación redentora con los individuos a través de Jesucristo. En el Padrenuestro, «venga Tu reino» usa la palabra en el segundo sentido; «Tuyo es el reino», en el primero.

Dios en Su soberanía prevalece sobre las vidas y las acciones de todos los hombres, incluidos aquellos que deliberadamente lo desafían y desobedecen. En un monstruoso arrebato de rivalidad entre hermanos, superado solo por el fratricidio de Caín, los hermanos de José lo vendieron como esclavo y le dijeron a su padre que José estaba muerto. Sin embargo, Dios prevaleció en Su voluntad, por eso más adelante José pudo decir: «Pensasteis mal contra mí, mas Dios lo encaminó a bien» (Gén. 50:20). «Por manos de impíos» los judíos de Jerusalén «lo clavaron [...] y lo mataron» a Jesús; sin embargo, Dios prevalecería, de modo que Jesús fue «entregado por el plan predeterminado y el previo conocimiento de Dios» y por Su muerte el mundo fue redimido (Hech. 2:23, NBLA).

Pero esta prevalencia de Dios es un asunto diferente de cuando Dios reina con gracia en el corazón y la vida de alguien que se acerca en reverencia, arrepintiéndose en confianza ante Su autoridad, deseando solo ser liberado del mal y llevado por senderos de justicia. Es así como hacemos rey a Jesús.

Jesús y el reino

Entonces el reino de Dios no es un lugar, sino más bien una relación. Existe siempre que las personas exalten a Jesús como Señor de sus vidas. Cuando Jesús empezó a predicar que «el reino de Dios está cerca» (literalmente, «se ha acercado») quiso decir que el disfrute largamente prometido de la salvación de Dios que Israel había estado esperando ahora estaba allí para que ellos entraran (Mar. 1:15). ¿Cómo entrarían en él? Los Evangelios responden por completo a esa pregunta. Es al convertirse en discípulos de Jesús; dándole la lealtad de sus corazones y dejándole transformar sus vidas; recibiendo Su perdón; identificándose con Sus preocupaciones; amándolo sin reservas y dando prioridad a Sus reclamos sobre todos los demás, en resumen, manifestando lo que Pablo llamó «fe que obra por el amor» (Gál. 5:6), fe que reconoce y abraza a Jesucristo como, en la frase de Pedro, «Señor y Salvador» (2 Ped. 1:11; 2:20; 3:2, 18).

Sobre esta fe, Jesús le dijo a Nicodemo (Juan 3:13-15) que nadie ve o entra en el reino sin una transformación interior radical por el Espíritu que él describió como «nacido de nuevo» (vv. 3-8). El pasaje nos instruye que ninguno puede entrar en el reino sin la ayuda del Espíritu y no debemos ser demasiado orgullosos para pedirlo, ni negarnos a ser cambiados de cualquier manera que Dios considere necesaria.

El reino llegó con Jesús; de hecho, se podría decir que, como Hijo de Dios encarnado, Jesús es el reino de Dios en persona. Su gobierno sobre los cristianos es como el de la realeza en el sentido bíblico de sangre pura: personal, directo y absoluto. Sus demandas son las demandas de Dios, por encima de las del hombre. Sin embargo, Su gobierno no es tirano, porque el Rey Jesús es el siervo de Su pueblo, Su pastor y Su defensor, que ordena todas las cosas para su protección y enriquecimiento. «Porque mi yugo es fácil, y ligera mi carga» (Mat. 11:30).

Además, Él es su hermano en la familia real, Él mismo vivió en la tierra como «hombre bajo autoridad» (Mat. 8:9); no nos pedirá más de lo que se le pidió a Él; en efecto, ni siquiera tanto. Su gobierno tiene una naturaleza de cuidado pastoral y no de una dictadura. «Yo soy el buen pastor; y conozco mis ovejas, y las mías me conocen» (Juan 10:14).

El primer servicio y el más esencial dado por el «gran Hijo de David» a Sus discípulos es salvarlos del pecado y de la muerte, de acuerdo con la promesa de Dios. Así que el reino de Dios es el reino de la gracia, donde el daño hecho a nosotros por el pecado es reparado y el evangelio de la gracia demuestra ser de lo que el reino se trata.

Presente y futuro

En cierto sentido, el reino está aquí ahora y los cristianos están en él. Pero en otro sentido —en el que la exhibición de la gracia de Dios en este mundo es perfeccionada—, el reino sigue siendo futuro y espera el regreso de Cristo. La oración «venga Tu reino» apunta a ese día. Pero esto no desgasta su significado. Cualquier súplica por ver otra vez la soberanía de Dios en la gracia, ya sea renovando la Iglesia, convirtiendo a los pecadores, restringiendo el mal, proporcionando el bien en este mundo, es seguir diciendo «venga Tu reino». Si uno se pregunta en qué parte del Padrenuestro aparece la intercesión general, la respuesta está aquí. (Y si uno pregunta: ¿Por qué cargarse con tanta intercesión? La respuesta es: Porque se nos enseña a orar: «Venga Tu reino»).

El desafío personal

Orar «venga Tu reino» es buscar y demandar, porque uno debe estar listo para añadir: «y empieza conmigo; hazme completamente obediente. Muéstrame mi lugar entre los "colaboradores [...] en el reino de Dios" (Col. 4:11, NBLA) y úsame, en la medida de lo posible, para extender el reino y así ser tu instrumento para responder mi oración». Hecha con sinceridad, esta es una oración para que el Salvador que llama a la negación y a llevar la cruz y aceptar que la vida de uno se pierda, de una manera u otra, al servir al evangelio, pueda hacer Su voluntad con nosotros por completo. ¿Realmente buscamos esto? ¿Lo hemos enfrentado? Que cada hombre se examine a sí mismo y así, solo así, que pronuncie el Padrenuestro.

Estudio bíblico adicional

El reino de Dios (el cielo):
• Mateo 13:1-52

Preguntas para la reflexión y la discusión

• ¿Estás de acuerdo en que «el reino de Dios no es un lugar, sino una relación»? ¿Por qué sí o por qué no?
• ¿Por qué podemos decir correctamente que Jesús era (y es) un Rey, pero no un tirano?
• Piensa en las implicaciones actuales de la oración «venga Tu reino», hasta donde pueda verlas.

7

Hágase Tu voluntad

Cada palabra del Padrenuestro refleja cómo quiere el Señor que sean nuestras vidas, que sean una respuesta en unidad que abrace el amor de nuestro Padre celestial, para que busquemos Su gloria, confiemos en Su cuidado y obedezcamos Su Palabra, en cada momento del día. Por lo tanto, si vamos a orar el Padrenuestro con comprensión y sinceridad, debemos querer lo mismo que el Señor. Así que cuando digo «santificado sea Tu nombre; venga Tu reino», debería estar agregando en mi mente las palabras «en y a través de mí», y así entregarme a Dios de nuevo para ser, en la medida de lo posible, el instrumento de respuesta a mi propia oración. Y cuando digo «hágase Tu voluntad», debo decir esto como una oración para que yo, junto con el resto del pueblo de Dios, pueda aprender a ser obediente.

Aquí, con más claridad que en cualquier otro lugar, el propósito de la oración se vuelve sencillo: no que Dios haga mi voluntad (lo que sería practicar magia), sino alinear mi voluntad con la Suya (que es lo que significa practicar la verdadera religión).

No se haga mi voluntad

Entendido de esa manera, ¡«hágase Tu voluntad» requiere oración! No puedo pedir con sinceridad que se haga la voluntad de Dios sin negarme a mí mismo, porque cuando nos dedicamos a los asuntos de la vida cotidiana, con regularidad nos encontramos que es nuestra voluntad en lugar de la suya la que queremos hacer o la que queremos que suceda. Tampoco puedo hacer esta oración sin mantenerme fiel a Dios frente a toda la oposición que encuentro con frecuencia en este mundo caído, donde Satanás es «príncipe» (Juan 14:30). Lutero expuso las palabras así: «Hágase Tu voluntad, oh, Padre, no la voluntad del diablo, ni de ninguno de los que destruyen tu santa Palabra u obstaculizan la venida de Tu reino; y concédenos que todo lo que tengamos que soportar por su causa sea soportado con paciencia y vencido, para que nuestra pobre carne no se rinda ni ceda por debilidad o pereza». Que la voluntad de Dios se haga en nuestras vidas *en la tierra* de la forma en que se hace entre los ángeles representará una gran lucha.

Veamos lo que significó esta oración cuando Jesús la expresó en el Getsemaní (Mat. 26:42). El Señor encarnado estaba en las garras de un horror impresionante, provocado no solo por la expectativa de dolor físico y desgracia externa (los hombres fuertes pueden soportar estas cosas por una buena causa sin demasiado alboroto), sino por la idea de ser *hecho pecado* y abandonado por Su Padre en la cruz. «Nunca el hombre temió a la muerte como este hombre», dijo Lutero, en verdad y esa fue la razón. Todo Su ser rechazaba la idea; sin embargo, Su oración permaneció «no sea como yo quiero, sino como tú» (v. 39). Nunca sabremos cuánto le costó orar. De igual manera puede que para nosotros tampoco sea posible entender lo que puede costarnos aceptar la voluntad de Dios.

Aceptar la voluntad de Dios

El griego para «hágase», tanto en el Padrenuestro como en la historia del Getsemaní, es literalmente «suceda» y la voluntad de Dios aquí son dos cosas: Su propósito para los eventos y Su mandato a Su pueblo. En relación con la primera, «hágase tu voluntad» expresa el espíritu de mansedumbre, que acepta sin quejarse todo lo que Dios envía o deja de enviar. En relación con esto último, le estamos pidiendo a Dios que nos enseñe todo lo que debemos hacer y nos disponga y capacite para la tarea. ¿Puedes hacer esta oración desde el corazón? No es tan fácil como parece.

Encontrar la voluntad de Dios

Pero ¿cómo podemos saber lo que Dios quiere de nosotros? Prestando atención a Su Palabra y a nuestras conciencias, observando lo que está ocurriendo y tomando consejo para comprobar si entendemos la situación y comprendemos lo que es correcto. Los problemas sobre la voluntad de Dios con frecuencia se aclaran cuando se comparten con otros cristianos y se escucha su opinión. Nuestro estado interior también es importante. «Si la voluntad de alguno es hacer la voluntad (de Dios)», no solo sabrá que Jesús y Su enseñanza son de Dios (Juan 7:17), sino que se le dirá si está fuera de lugar. «Entonces tus oídos oirán a tus espaldas palabra que diga: Este es el camino, andad por él; y no echéis a la mano derecha, ni tampoco torzáis a la mano izquierda» (Isa. 30:21). Si tienes un corazón dispuesto para Dios, Dios se manifestará en tu vida con la guía que necesitas. ¡Esa es una promesa!

Si no tienes en claro la voluntad de Dios, espera si es posible; pero si tienes que actuar, toma la que consideres la mejor decisión, y Dios pronto te hará saber si es que no estás en el camino correcto.

Un pacto con Dios

Para terminar, aquí hay algunos extractos del magnífico servicio de pacto de la Iglesia Metodista, que dicen exactamente lo que tú y yo deberíamos estar diciendo ahora. Después de un recordatorio de que en el nuevo pacto Dios nos promete «todo lo que declaró en Jesucristo», mientras que nosotros, por nuestra parte, «estamos comprometidos a no vivir más para nosotros mismos», el líder dice:

«Oh Señor Dios, santo Padre, que nos has llamado por medio de Cristo a ser partícipes de este pacto de gracia, tomamos sobre nosotros con alegría el yugo de la obediencia y nos comprometemos, por amor a ti, a ver y hacer tu perfecta voluntad».

Entonces todos los adoradores se unen a las palabras que John Wesley tomó del puritano Richard Alleine para este propósito en 1755:

«Ya no soy mío, sino tuyo. Ponme donde tú quieras, colócame con quien quieras; ponme a hacer, ponme a sufrir;

déjame ser usado por ti o apartado por ti, exaltado por ti o abatido por ti; déjame estar lleno, déjame estar vacío; déjame tener todas las cosas, déjame no tener nada; libre y sinceramente te entrego todas las cosas para tu placer y tu disposición.

Y ahora, oh, Dios glorioso y bendito, Padre, Hijo y Espíritu Santo, tú eres mío, y yo soy tuyo. Que así sea. Y el pacto que he hecho en la tierra, que sea ratificado en el cielo. Amén».

Estudio bíblico adicional

La voluntad de Dios:
- Hechos 20:16–21:14

Preguntas para la reflexión y la discusión

- ¿Cuál es el verdadero propósito de la oración? ¿Oras por eso?
- ¿Qué tiene que ver la oración con negarnos a nosotros mismos?
- ¿Cuáles son algunos de los problemas que supone encontrar la voluntad de Dios para nuestras vidas y cómo debemos lidiar con ellos?

8

Así en la tierra
como en el cielo

Tres declaraciones doctrinales unen el Padrenuestro. Las dos primeras están en la invocación. Dios es el Padre del pueblo cristiano y está en el cielo. La tercera remata el primer trío de peticiones: en el cielo se hace la voluntad de Dios. La primera proclama la bondad de Dios al redimirnos a través de la cruz y llevarnos a Su familia. La segunda y la tercera declaran Su grandeza y poder para lograr Su propósito. Juntas, estas tres verdades señalan la esperanza cristiana. Como nuestro Padre, Dios está comprometido a amarnos y hacernos bien por toda la eternidad.

El cielo

Como Señor de la creación que gobierna en el cielo, es decir, sin las limitaciones de la criatura que está en espacio y tiempo aquí en la tierra, se puede confiar en Dios para que cumpla Su voluntad perfectamente. Tú y yo somos capaces de fracasar en cualquier cosa que hagamos, por más simple que sea, pero es la gloria de Dios tener éxito en todo lo que se ha propuesto hacer, por difícil que sea. Así que:

La obra que Su misericordia empezó
Su mano fuerte completará;
Su promesa es sí y amén,
Y nunca ha fallado.

Las cosas futuras, ni las cosas que son ahora,
Ni todas las cosas abajo o arriba,
Pueden hacer que Su propósito falle,
Ni que mi alma se aleje de Su amor.

Pero cuando Jesús dice que en el cielo se hace la voluntad de Dios, no está pensando tanto en la trascendencia de nuestro Padre sino en una comunidad de seres creados, inteligentes como nosotros, que viven más cerca de Dios (en el sentido de que disfrutan más de Él de lo que nosotros podemos en este mundo) y le sirven con un fervor de todo corazón que en esta vida nunca alcanzaremos. Este es el «cielo» en el sentido más común de la palabra, el «cielo» al que los cristianos «van» cuando mueren, el estado de vida para el cual nuestro tiempo aquí es de preparación y entrenamiento.

El cielo en este sentido es infinitamente más importante que la vida presente, no solo porque es eterno mientras que esta vida es temporal, sino también porque ninguna relación se disfruta perfectamente aquí de la forma en la que será en el más allá. Desde el hecho de que la santísima Trinidad es la realidad suprema, y aun desde el entendimiento de los psicólogos actuales, aprendemos que las relaciones son de lo que realmente se trata la vida (la vida real, a diferencia solo de la conciencia), y que las relaciones con el Padre, el Hijo y los santos son de lo que se trata el cielo en realidad. No es casualidad que el Nuevo Testamento presente el cielo como una ciudad (Apoc. 21), un banquete (Mat. 8:11; Luc. 22:29 ss.; Apoc. 19:9), y una congregación que adora (Heb. 12:22-24; comp. Apoc. 7:9-17); estas imágenes nos dicen que el cielo será una experiencia de *fraternidad*, más cercana y gozosa que cualquiera que hayamos conocido hasta ahora, ya sea con nuestro Dios o con nuestros compañeros creyentes.

En *El gran divorcio*, C. S. Lewis imagina el infierno como un país donde las personas siempre se dispersan para alejarse lo más que pueden unas de otras. (Y Sartre, en *A puerta cerrada*, imaginó el infierno como personas de las que uno nunca puede escapar, por más infernalmente que se comporten). Pero en el cielo, los santos estarán cerca unos de otros, así como del Padre y del Hijo y se alegrarán de estarlo; y la cercanía se sumará al gozo. Con un énfasis sólido, la Escritura es «de otro mundo», e insiste en que la vida del cielo es mejor y más gloriosa que la vida en la tierra en cada aspecto. Pero cuando preguntamos cómo, la Escritura nos dice, en efecto: «Espera y verás (comp. Rom. 8:24); y date cuenta de que está tan lejos de tu experiencia actual que realmente no puedes concebirlo». El cielo, al ser una realidad que no está limitada por el espacio y el tiempo tal como los conocemos, no está ubicado en, ni puede ser definido por este mundo presente en el que nuestra naturaleza física nos ancla. Todo lo que sabemos es que, como dijimos, para los habitantes del cielo (los «espíritus ministradores» que son ángeles, con «los espíritus de los hombres justos hechos perfectos») es un estado de perfecta comunión con Dios y con otros en Dios, y completo contentamiento en Su presencia. Esa es la verdad que las imágenes bíblicas de la ciudad dorada y el gran banquete están buscando transmitir.

Pero para la comunión perfecta no solo Dios debe dar sin límite ni restricciones; sino que Sus siervos, angélicos y humanos, también deben responder sin reservas, lo que significa que en y a través de ellos la voluntad de Dios se lleva a cabo por completo. Hacer la voluntad de Dios es, por lo tanto, parte de la definición del cielo y es parte de la gloria del cielo que Dios capacite a los que están allí para hacerlo.

Alabar

¿Por qué Jesús, después de decir «hágase tu voluntad en la tierra», añadió «como en el cielo»? Seguramente, por dos razones.

Primero, en este punto quiere despertar *esperanza*. El caos de la tierra se burla de la petición. Sin embargo, al recordarnos que Dios ya ha establecido Su voluntad perfectamente en el cielo, Jesús nos mueve a esperar que en la tierra podamos ver grandes cosas. «¿Hay para Dios alguna cosa difícil?» (Gén. 18:14).

Y esto no es todo. El segundo objetivo de Jesús es despertar la *alabanza*. Mientras que la petición debilita, la alabanza revitaliza, y que Jesús interponga entre dos peticiones desafiantes una pausa para alabar —«Padre, en el cielo, ¡Tú voluntad se hace! ¡Aleluya!»— es el equivalente espiritual al descanso en el medio tiempo, mediante el cual se renueva la fuerza para la batalla de la intercesión. Aquí Jesús enseña la preciosa lección de que *alabar vigoriza y renueva la oración*. ¡Escúchalo!

Estudio bíblico adicional

La tierra y el cielo:
• Hebreos 12

Preguntas para la reflexión y la discusión

• ¿Cuál es la importancia de que Dios no esté limitado por el espacio y el tiempo?
• ¿Cuáles son los elementos necesarios de la comunión perfecta con Dios?
• ¿Qué significa la frase «mientras que la petición debilita, la alabanza revitaliza»?

9

El pan nuestro de cada día

Habiéndose centrado en el nombre, el reino y la voluntad de Dios, el Padrenuestro dirige la atención a nuestras comidas. ¿Es esto una desilusión? En lo absoluto: es una progresión genuina.

Porque, en primer lugar, aquellos que de verdad hacen las tres primeras peticiones se comprometen a vivir por completo para Dios, y la siguiente petición natural y lógica es que la comida les dé energía para esto. La respuesta que el Dr. Johnson les dio a aquellos que criticaban su preocupación por su estómago fue que los que ignoraran las necesidades de sus estómagos pronto no estarían en condiciones de preocuparse por nada más. ¿Realismo cristiano? Sí, solo eso.

En segundo lugar, sí dependemos en cada momento de nuestro Padre Creador para mantenernos a nosotros y al resto del universo en existencia (porque sin Su voluntad nada podría existir) y para sostener el funcionamiento rítmico de la naturaleza para que cada año sea el tiempo de la siembra, la cosecha y la comida en las tiendas (comp. Gén. 8:22); y es justo que reconozcamos esta dependencia con frecuencia en la oración. En particular en una época como la nuestra que, al haber supuesto que la naturaleza es autosuficiente, ahora tiene problemas sobre la realidad de Dios.

Algunos consideran las peticiones personales de necesidades materiales como una oración de bajo nivel, como si Dios no estuviera interesado en el lado físico de la vida y nosotros tampoco debiéramos estarlo. Pero tal hiperespiritualidad es realmente un camino egocéntrico y poco espiritual; fíjate cómo en Colosenses 2:23, Pablo advierte que el ascetismo hecho por el hombre no detiene la indulgencia de la carne (es decir, el ser pecaminoso). Las peticiones que ven a Dios como la única y omnipotente fuente de suministro de todas las necesidades humanas, hasta las más mundanas, están expresando la verdad, y como la negación de nuestra propia autosuficiencia nos humilla, entonces el reconocimiento de nuestra dependencia honra a Dios. Ni nuestras mentes ni nuestros corazones están bien hasta que veamos que es tan necesario e importante orar por el pan de cada día como por (digamos) el perdón de los pecados.

En tercer lugar, Dios realmente está preocupado de que Sus siervos tengan la comida que necesitan, como lo muestran los episodios de Jesús alimentando a los 4000 y 5000. Dios se preocupa por las necesidades físicas al igual que por las espirituales; para Él, la categoría básica es la de las necesidades *humanas*, que está compuesta por ambas.

El cuerpo

Esta petición nos muestra cómo tratar nuestros cuerpos. El camino cristiano no es deificarlos, haciendo que la salud y la belleza sean fines en sí mismos, como lo hacen los paganos modernos; tampoco es despreciarlos, haciendo del desaliño una virtud, como lo hicieron algunos paganos antiguos (y también cristianos, desafortunadamente). Es más bien aceptar nuestro cuerpo como parte de la buena creación de Dios, actuar como su mayordomo y administrador, y disfrutarlo con gratitud como uno lo hace. Así honramos a su Creador. Tal disfrute no es de ninguna manera antiespiritual para los discípulos de Cristo; para ellos, es como su salvación, un don gratuito del Señor.

La Biblia se opone a todo ascetismo melancólico al decir que, si disfrutas de salud, buen apetito, agilidad física y matrimonio en el sentido de que se te han dado, debes disfrutarlos en el sentido de deleitarte en ellos. Tal deleite es (no el todo, sino) parte de nuestro deber y nuestro servicio a Dios, porque sin él estamos siendo tan solo ingratos por estos buenos regalos. Como Escrutopo realmente dijo (con disgusto): «Es un hedonista de corazón»: valora el placer y es su placer dar placer. Bien enseñaron algunos rabinos que en el juicio Dios tomará en cuenta contra nosotros todos los placeres que nos ofreció y descuidamos. ¿Todavía sabemos cómo disfrutar de nosotros mismos (sí, físicamente también) para la gloria de Dios?

Las necesidades materiales

Ten en cuenta que debemos orar por el pan *nuestro* de cada día. Aquí hay intercesión por otros cristianos, así como una petición por uno mismo. El «pan», la dieta básica del hombre, tanto en el mundo antiguo como en el moderno, representa aquí todas las necesidades de la vida y los medios para satisfacerlas. Por lo tanto, «pan» cubre todos los alimentos; así que la oración es por los agricultores y en contra de la hambruna. Una vez más, la oración también cubre la vestimenta, el refugio y la salud física; así que la oración se convierte en una intercesión por los servicios sociales y médicos. Asimismo, la oración abarca el dinero y el poder para adquirir y entonces, se convierte en un clamor en contra de la pobreza, el desempleo y las políticas nacionales que producen o prolongan ambos. Lutero deseaba que los gobernantes pusieran panes en lugar de leones en sus escudos de armas, para que se recuerden que el bienestar de su pueblo debe ser lo primero, e instó que es bajo esta cláusula del Padrenuestro que la oración por aquellos en que están en autoridad es mejor respondida.

Cada día

J. B. Phillips tradujo correctamente esta cláusula «danos este (cada) día el pan que necesitamos». Se nos dice que pidamos por pan, como a los israelitas se les dijo que recogieran maná día a día: el cristianismo es vivir en constante dependencia de Dios, un día a la vez. Además, debemos pedir el pan que *necesitamos*; es decir, el suministro de las necesidades, no los lujos de los que podemos prescindir. ¡Esta petición no santifica la codicia! Además, al orar, debemos estar preparados para que Dios nos muestre, por Su respuesta providencial al no darnos lo que buscábamos, que realmente no lo necesitábamos después de todo.

Ahora viene la verdadera prueba de la fe. Tú, el cristiano, has orado (supongo) por el pan de hoy. ¿Creerás ahora que lo que viene a ti, mucho o poco, es la respuesta de Dios, de acuerdo con la promesa de Mateo 6:33? ¿Y sobre esa base estarás contento con ello y agradecido por ello? Lo dejo en tus manos.

Estudio bíblico adicional

Dios provee:
- Salmo 104
- Mateo 6:19-34

Preguntas para la reflexión y la discusión

- ¿Estás de acuerdo con que Dios está tan interesado en las necesidades físicas como en las espirituales? ¿Por qué sí o por qué no?
- Como buenos mayordomos, ¿qué actitudes debemos tener hacia nuestros propios cuerpos?
- ¿Por qué, y en qué sentido, el cristianismo está diseñado para ser una experiencia del día a día?

10

Perdónanos

E l cristiano vive a través del perdón. De esto se trata la justificación por fe. No podríamos tener vida ni esperanza con Dios en absoluto, si el Hijo de Dios no hubiera llevado el castigo de nuestros pecados para que pudiéramos ser libres. Pero aun así los cristianos no están a la altura y el perdón es necesario cada día; así que Jesús, en la segunda parte de Su oración modelo, incluyó una petición entre las súplicas de provisión material y protección espiritual. Esto no significa algo particular en Su oración, porque Él sabía que no tenía pecado (comp. Juan 8:46); lo incluye para nosotros.

Deudas

¿Cómo deben ver los cristianos sus pecados? Las Escrituras presentan los pecados como el quebrantamiento de la ley, la desviación, la deficiencia, la rebelión, la contaminación (suciedad) y no errar al blanco, y siempre todos estos aspectos son en relación con Dios; pero el ángulo particular desde el cual el Padrenuestro lo presenta es sobre las deudas no pagadas. «Perdónanos nuestras deudas, como también nosotros hemos perdonamos a nuestros deudores» es la traducción de la NBLA de Mateo 6:12 (ver también Lucas 11:4 y la parábola de los dos deudores en Mateo 18:23 ss.). Aquellas traducciones que dicen «pecados» en lugar de «deudas», haciéndose eco de Lucas 11:4, desafortunadamente pasan por alto este punto.

El pensamiento de Jesús es que le debemos a Dios una lealtad total e incesante: amor celoso por Dios y los hombres, todo el día y todos los días, según el patrón de Jesús, y que nuestro pecado es básicamente una falta de pago. El *Libro de Oraciones Anglicano* confiesa correctamente los pecados de omisión («no hemos hecho las cosas que deberíamos haber hecho») antes de los pecados de comisión: la perspectiva de la omisión es básica. Cuando los cristianos se examinan a sí mismos deben buscar primero las omisiones, y siempre encontrarán que sus pecados más tristes son aquellos actos buenos que no hicieron. Cuando el moribundo arzobispo Usher oró: «Señor, perdona sobre todo mis pecados de omisión», mostró un verdadero sentido de la realidad espiritual.

Hijos pecadores

Aquí surge un problema. Si la muerte de Cristo expió todos los pecados, pasados, presentes y futuros (como lo hizo) y si el veredicto de Dios que justifica al creyente («te acepto como justo en el nombre de Jesús») es eternamente válido (como lo es), ¿por qué necesita el cristiano mencionar sus pecados diarios a Dios en primer lugar? La respuesta está en distinguir entre Dios como Juez y como Padre, y entre ser un pecador justificado y un hijo adoptado. El Padrenuestro es la oración familiar en la que los hijos adoptivos de Dios se dirigen a su Padre, y aunque sus fracasos diarios no eliminan su justificación, las cosas no estarán bien entre ellos y su Padre hasta que hayan dicho: «Lo siento» y le hayan pedido que pase por alto las formas en que lo han decepcionado. A menos que cada vez que los cristianos se acerquen a Dios lo hagan como pródigos que regresan, su oración será tan irreal como lo fue la del fariseo en la parábola de Jesús.

Intolerable

Aquí tenemos una lección: los cristianos deben estar dispuestos a examinarse a sí mismos y dejar que otros los examinen para detectar las fallas del día a día. Los puritanos valoraban a los predicadores que «destrozaban» la conciencia; hoy en día se necesita más ese tipo de predicación. La disciplina del autoexamen, aunque desagradable para nuestro orgullo, es necesaria porque nuestro santo Padre celestial no hará la vista gorda ante las fallas de Sus hijos, como lo hacen tan a menudo (y tan imprudentemente) los padres humanos. Así que lo que Él sabe sobre nuestros pecados, también nosotros necesitamos saberlo, para que podamos arrepentirnos y pedir perdón por nuestra ofensa.

Desde un punto de vista, las fallas de los cristianos son las que más ofenden, solo porque tienen más motivos (el amor de Dios en Cristo) y más recursos (el Espíritu Santo que mora en ellos) para evitar caminos pecaminosos. Aquellos que piensan que no necesitan preocuparse en guardar la ley de Dios dado que en Cristo sus pecados están cubiertos, están desesperadamente confundidos (ver Rom. 6). A un hombre le molesta más saber que su esposa es la que está acostándose con cualquiera, que saber que es la vecina la que lo hace; así Dios se indigna más profundamente cuando Su propio pueblo es infiel (ver la profecía de Oseas, especialmente los capítulos 1–3). «Pues la voluntad de Dios es vuestra santificación» (1 Tes. 4:3), y menos que eso no será suficiente.

El servicio de comunión en el *Libro de Oraciones Anglicano* de 1662 les enseña a los cristianos a llamar «intolerable» a la «carga» (culpa) de sus pecados. La justificación para usar este lenguaje fuerte es el conocimiento del dolor intolerable traído a Dios por los pecados de Su propia familia. ¿Qué tan sensibles somos a esto? ¿Y cuán preocupados estamos de que, como hijos de Dios, nuestras vidas estén en la medida de lo posible libres de pecado? El verdadero cristiano no solo buscará encontrar y enfrentar sus pecados a través de la autoexaminación, sino que trabajará «por el Espíritu» para hacer «morir las obras de la carne» (es decir, los hábitos del viejo yo pecaminoso) todos sus días (Rom. 8:13).

Solo los que perdonan son perdonados

Aquellos que esperan el perdón de Dios, dijo Jesús, deben poder decirle que ellos también han perdonado a sus deudores. No se trata de ganar el perdón por obras, sino de calificar para ello mediante el arrepentimiento. El arrepentimiento (el cambio de mentalidad) hace que la misericordia y la paciencia sean centrales en el nuevo estilo de vida. Aquellos que viven por el perdón de Dios deben imitarlo. Aquel cuya única esperanza es que Dios no tenga en cuenta sus faltas contra él pierde su derecho a tener en cuenta las faltas de otros contra ellos. Haz lo que quisieras que te hagan es la regla aquí, y el cristiano que no perdona se califica como hipócrita. Es cierto que el perdón es solo por fe en Cristo, aparte de las obras, pero el arrepentimiento es el fruto de la fe y no hay más realidad en una profesión de fe que la realidad del arrepentimiento que la acompaña. Jesús mismo enfatiza que solo aquellos que otorgan el perdón lo recibirán en Mateo 6:14 ss.; 18:35.

Así que de nuevo, la pregunta es: ¿Puedo pronunciar el Padrenuestro? ¿Puedes? Todos haremos bien en hacer de las siguientes líneas una oración propia:

«Perdona nuestros pecados, así como nosotros perdonamos»
nos enseñaste, Señor, a orar;
Pero solo tú puedes concedernos la gracia
de vivir las palabras que decimos.

¿Cómo puedes perdonar, alcanzar y bendecir
al corazón que no perdona
que medita en los errores y no permite
que la vieja amargura se vaya?

A la luz resplandeciente, tu cruz revela
la verdad que sabíamos vagamente,
cuán pequeñas son las deudas que los hombres nos deben,
cuán grande es nuestra deuda contigo.

Señor, limpia las profundidades dentro de nuestras almas
y haz cesar el resentimiento;
entonces, reconciliados con Dios y con el hombre,
nuestras vidas extenderán tu paz.

Estudio bíblico adicional

Pedir perdón:
- Salmo 51

Calificar para el perdón:
- Mateo 18:23-35

Preguntas para la reflexión y la discusión

- ¿Cómo define el Padrenuestro el pecado? ¿Cómo se ve esto en nuestra vida diaria?
- ¿Por qué una persona necesita confesar sus pecados diarios después de convertirse en cristiana?
- ¿Por qué es correcto llamar hipócritas a los cristianos que no perdonan?

11

No nos dejes caer en tentación

Después de la oración por provisión y perdón, viene un clamor por protección, nuestra tercera necesidad básica. La oración tiene dos partes: «No nos dejes caer en tentación, sino líbranos del mal» (ya sea pecado o problemas o ambos, o «el maligno» que manipula los problemas para inducir el pecado). Ambas partes, sin embargo, expresan un solo pensamiento: «la vida es un campo espiritual minado; en medio de tales peligros no nos atrevemos a confiar en nosotros mismos; Padre, mantennos a salvo». Aquí el Padrenuestro se vincula con la mirada de la vida que encontramos a través de los salmos. El realismo, la desconfianza de uno mismo y la humilde dependencia de Dios que se respira a través de esta petición es algo que todos necesitamos aprender.

Las pruebas

La idea de que Dios puede llevar a los cristianos a la tentación, como supone la primera cláusula, ha desconcertado y conmocionado a muchas personas. Sin embargo, las cosas se aclaran una vez que vemos lo que significa la tentación aquí. «Prueba» o «evaluación», es decir, una situación que revela hasta dónde haces el bien y evitas fallar, es la idea detrás de la palabra. El examen de manejo, que (créase o no) está diseñado para permitirte demostrar que puedes hacer todo bien, es una «tentación» en este sentido. Ahora, cualquier programa educativo o de capacitación debe incluir necesariamente pruebas periódicas para medir el progreso, y la experiencia de tomar y pasar tales pruebas puede ser muy alentadora para el alumno.

En el programa de Dios para la educación espiritual y el crecimiento de los cristianos, se aplica lo mismo. Dios nos prueba y debe probarnos de forma regular, para probar lo que hay en nosotros y mostrar cuán lejos hemos llegado. Su propósito en esto es totalmente constructivo, para fortalecernos y ayudarnos a avanzar. Así que Él «probó» a Abraham (según la RVR1960; la RVA dice «tentó», la NVI dice «puso a prueba») mandándole que sacrificara a Isaac, y después de la prueba le prometió una gran bendición «por cuanto obedeciste a mi voz» (Gén. 22:1, 18).

Nada fácil

¿Por qué, entonces, si la tentación es beneficiosa, debemos pedir que la evitemos? Por tres razones. Primero, cada vez que Dios nos prueba para nuestro bien, Satanás, «el tentador», trata de explotar la situación para arruinarnos. «Vuestro adversario el diablo, como león rugiente, anda alrededor buscando a quien devorar» (1 Ped. 5:8). Jesús sabía por Su experiencia en el desierto cuán malo y astuto es Satanás, y no deseaba que nadie lo subestimara o buscara un encuentro con él. (Nuestros ocultistas modernos harían bien en tomar esto en serio).

En segundo lugar, las presiones en tiempos de prueba pueden ser tan espantosas que ningún cristiano en su sano juicio puede hacer otra cosa que huir de ellas, así como se huye ante la idea de tener cáncer. Por ambas razones, Jesús estuvo en lo correcto al empezar Su oración en Getsemaní con «Padre mío, si es posible, pase de mí esta copa», así como al terminarla diciendo: «Pero no sea como yo quiero, sino como tú» (Mat. 26:39). ¡La tentación no es nada fácil!

Tercero, conocer y comprobar nuestra propia debilidad, torpeza y completa vulnerabilidad en asuntos espirituales y la habilidad con la que Satanás explota nuestros puntos fuertes y débiles por igual, mezclando ataques frontales a nuestra integridad cristiana con tácticas de infiltración y emboscándonos, de modo que mientras evitamos un peligro constantemente caemos víctimas de otro, nos obliga a clamar en humildad y desconfianza de nosotros mismos: «Señor, si es posible, *por favor*, ilíbrame de la tentación! ¡No quiero arriesgarme a dañarme y deshonrarte al caer!». Puede que nos toque ser tentados, pero solo un tonto lo preferirá; otros prestarán atención a la advertencia que Pablo les hace a los espiritualmente imprudentes: «Así que, el que piensa estar firme, mire que no caiga» (1 Cor. 10:12).

Velar y orar

Cuando Jesús encontró a Sus discípulos dormidos en el Getsemaní, dijo: «Velad y orad, para que no entréis en [es decir, empiecen a ceder a] tentación; el espíritu a la verdad está dispuesto [a hacer la voluntad de Dios], pero la carne [la naturaleza humana] es débil» (Mat. 26:41). Lo que provocó Su comentario fue la lucha que acababa de tener consigo mismo, en la que Su propia carne había retrocedido violentamente ante la perspectiva del Calvario. Además ahora estaba el sueño de aquellos a quienes, aunque cansados, se les había pedido que velaran con Él, que permanecieran despiertos, es decir, que lo apoyaran con su presencia y oraciones. Debemos apreciar que la prueba de sinceridad y realismo al decir «no nos dejes caer en tentación» es la disposición a «velar y orar», para que no seamos víctimas de ella de forma desprevenida.

«Velar» sugiere a un soldado en guardia, alerta a los primeros signos del ataque del enemigo. *Velamos* contra la tentación, observando qué situación, compañía e influencias nos exponen a ella y evitándolas siempre que podamos. Como dijo Lutero, no puedes evitar que los pájaros vuelen sobre tu cabeza, pero puedes evitar que aniden en tu cabello. ¡Descubre qué es el fuego para ti y no juegues con él!

«Orar» apunta al tipo de oración que Jesús acababa de hacer: oración por fortaleza para hacer lo que uno sabe que es correcto frente a la resistencia interna, y a los cantos de sirena que endulzan el oído y buscan que uno se salga de su camino y se estrelle espiritualmente contra las rocas.

Nadie expresó el estado mental correcto en este asunto mejor que Charles Wesley, en el himno que empieza: «Jesús, mi fuerza, mi esperanza, sobre ti pongo mi cuidado».

Quiero un temor piadoso,
Un ojo que discierna rápidamente,

> *Que te mire cuando el pecado está cerca,*
> *Y ve volar al tentador;*
> *Un espíritu quieto preparado*
> *Y armado con celoso cuidado,*
> *Para que esté siempre de pie en guardia*
> *Y velando en oración.*

La conclusión del tema es esta. Por buenas y necesarias razones relacionadas con nuestro crecimiento cristiano (comp. Sant. 1:2-12), no seremos librados de toda tentación (comp. 1 Cor. 10:13); pero si pedimos ser librados y velamos y oramos contra los intentos de Satanás de explotar situaciones para nuestro tropiezo, seremos tentados menos de lo que podríamos haber sido (comp. Apoc. 3:10) y nos veremos capaces de hacer frente a la tentación cuando esta llegue (1 Cor. 10:13). Así que no seas poco realista al no considerar la tentación, ni seas imprudente para coquetear con ella; pero cuando llegue, no dudes del poder de Dios para librarte del mal que trae, y para «[guardarte] sin caída» (Jud. 24) mientras escoges tu camino a través de ella. Cuando no seas consciente de la tentación, ora: «No nos dejes caer en tentación»; y cuando seas consciente de ella, ora: «Líbranos del mal»; y vivirás.

Estudio bíblico adicional

La tentación de Eva:
* Génesis 3:1-7
La tentación de Abraham:
* Génesis 22:1-19
La tentación de Jesús:
* Lucas 4:1-15

Preguntas para la reflexión y la discusión

* ¿Qué es la «tentación» en cuanto a la forma en la que es usada aquí esa palabra?
* ¿Cuál es el propósito de Dios al probarnos? ¿Cómo respondes a tales pruebas?
* ¿Por qué debemos pedir ser librados de la tentación?

12

Líbranos

La forma de vivir en la familia de Dios que aprendemos a través del Padrenuestro tiene tres dimensiones. Es una vida de devoción, de dependencia y de peligro. «Líbranos del mal» es una súplica por protección frente al peligro que amenaza, peligros que aparecen a lo largo de todo el Nuevo Testamento como una amenaza constante para el creyente cristiano.

El peligro

En la comodidad de nuestra vida, no pensamos en nosotros mismos como si estuviéramos en peligro. Pero deberíamos; porque lo estamos. Una vez más, el *Libro de Oración Común* proporciona mucha información. Por lo tanto, la letanía expande «líbranos del mal» a cinco peticiones distintas y, entre los males especificados, junto con los problemas circunstanciales, están estos:

«Del pecado, de las habilidades y ataques del diablo [...], de toda ceguera de corazón; del orgullo, la vanagloria y la hipocresía; de la envidia, el odio y la malicia y toda falta de caridad [...], de la fornicación y de todo otro pecado capital; y de todos los engaños del mundo y de la carne y del diablo [...], de repentina [inesperada y no preparada] muerte [...], de la dureza de corazón y del desprecio a tu Palabra y mandamiento, *buen Dios, líbranos*».

Ahora vemos cuáles son nuestros peligros más profundos y de dónde surgen. La liberación que necesitamos no es solo o principalmente de circunstancias adversas, sino de la maldad espiritual dentro de nosotros que hace de las circunstancias adversas y favorables su plataforma para el ataque. El pecado en nuestros corazones, que engendra todo tipo de inclinaciones a hacer aquello que no es la voluntad de Dios y amar algo o alguien más que a Dios mismo, es la fuente de nuestro peligro. Siempre y en todas partes, el peligro de ser desviado por el pecado que mora en nosotros permanece.

El engaño

Mira de nuevo el extracto citado de la letanía. Todos los males enumerados fluyen espontáneamente del corazón humano caído. Satanás puede ser su maestro de ceremonias, que decide en qué orden vendrán para su actuación, pero no tiene que ponerlos en nuestro sistema; ellos ya están allí. El pecado funciona en su mayor parte por medio del engaño. «Ceguera [...], engaños [...], dureza de corazón» son las palabras clave en los métodos del pecado, así como «orgullo [...], hipocresía [...], falta de caridad» son las palabras clave sobre las manifestaciones del pecado. Pero el orgullo y la falta de caridad se disfrazarán de celo por Dios, Su verdad y Su Iglesia... y otros males morales y espirituales se filtrarán inadvertidos mientras nuestra atención está en otra cosa. Este es el camino de lo que un puritano llamó «el misterio del autoengaño» y lo que Hebreos llama «el engaño del pecado» (Heb. 3:13).

Frente al peligro, los hombres sensatos están tranquilos, pero avanzan con cuidado, se mantienen alerta, observando cada paso y están listos para gritar pidiendo ayuda a la primera señal de alarma. Así también, el cristiano sensato velará y orará para no caer en tentación (ver Mat. 26:41) y el clamor por liberación del mal a menudo estará en sus labios; entonces, se mantendrá a salvo.

La liberación

El programa de televisión *This Is Your Life* [Esta es tu vida] repasaba la historia personal de cada invitado desde lo externo, respecto a lo logrado en su vida laboral y a los amigos que tenía. Pero si te preguntaran: «¿Qué es tu vida?», responderías desde adentro y profundizarías. Como ser humano, eres una criatura con propósito y describirías tu vida de cualquier manera en términos de las metas que has tenido y de desafíos, conflictos, frustraciones y progreso en la búsqueda de ellos.

La forma secular y centrada en el hombre de hacer esto es evaluando lo que se logró y lo que no, el éxito y el fracaso en las tareas abordadas. Las memorias y biografías de figuras públicas repasan sus carreras de esta forma. Los escritores de la Biblia, los personajes de la Biblia y los cristianos bíblicos, sin embargo, lo hacen de manera diferente.

Para empezar, ven sus vidas centradas en Dios. Ven a Dios como Aquel cuya acción ha sido el factor decisivo que ha dado forma a sus vidas y como el único que es capaz de evaluar lo que han logrado. Ven Su accionar enfocado en dos aspectos principales. El primero es la *misericordia*: sus vidas se les presentan como, en palabras del himno, «misericordia de principio a fin». El segundo aspecto es la *liberación*: se ven a sí mismos como habiendo sido liberados una y otra vez de los problemas y la oposición que amenazaban con alejarlos u obstruirlos del servicio de Dios y su comunión con Él. Dios «nos libró [de la aflicción en Asia], y nos libra, y en quien esperamos que aún nos librará, de tan gran muerte» (2 Cor. 1:10). Pablo habló de esta manera y su sentimiento se ve en toda la postura bíblica de la vida, según la cual la esperanza de misericordia y liberación del mal, del pecado interior y de las tormentas externas, es un elemento esencial en la fe en todo momento. Pasar un poco de tiempo en una concordancia, explorando los usos bíblicos de «librar» y «liberar» te convencerá de esto.

¿Puedes ver que tu propia vida es amenazada y está en peligro del mal de todo tipo y por lo tanto necesita la liberación de Dios en todo momento? Si no, créeme, ¡aún no puedes ver lo que estás mirando! Eres como una persona que deambula con los ojos vendados y con los oídos tapados en medio de una calle de la ciudad, con el tráfico viniendo en ambos sentidos. Aprende del Padrenuestro lo que realmente está sucediendo en tu vida y, a medida que estés cada vez más capacitado para discernir los peligros, apóyate más en el Gran Libertador. «Por cuanto en mí ha puesto su amor, yo también lo libraré», esa es la promesa de Dios a cada santo (Sal. 91:14). Reclámalo, es para ti.

Estudio bíblico adicional

Una canción de liberación:
- 2 Samuel 22 (= Salmo 18)

Preguntas para la reflexión y la discusión

- ¿Qué nos dice sobre nuestras vidas el hecho de que debamos orar con frecuencia por protección espiritual?
- ¿Qué significa la frase «la maldad espiritual dentro de nosotros hace de las circunstancias adversas y favorables su plataforma para el ataque»?
- ¿Qué significa la frase puritana «el misterio del autoengaño»?

13

Del mal

Lo primero que hay que decir sobre el mal es que es una realidad, y no debemos fingir que no existe tal cosa. Los científicos cristianos, como los místicos hindúes, quieren pensarlo como una ilusión; otros lo verían como algo bueno en proceso o un bien mal entendido; pero en la Biblia, el mal es tan real como el bien y la distinción entre ellos es definitiva.

La segunda cosa que hay que decir sobre el mal es que es una realidad irracional e incoherente, que no tiene sentido y que solo se define como un bien pervertido.

La tercera cosa que hay que decir acerca del mal es que Dios se está encargando de él. Gracias al Calvario, Él ha asumido la responsabilidad de traer bien a través de él; ya ha triunfado sobre él y al final lo eliminará. El cristiano que contempla el mal no es pesimista, porque sabe que un día esta realidad insensata e incoherente que destruye el bien será destruida. Cristo aseguró esto al conquistar el mal cósmico en la cruz (ver Col. 2:15); finalmente lo extinguirá en Su regreso.

En ese día, el cristiano espera ver que de todos sus enredos con el mal en y alrededor suyo ha llegado un bien mayor para él y mayor gloria para Dios, de lo que podría haber sido de otra manera. Eso finalmente vindicará la bondad y la sabiduría de Dios al permitir que el mal haya dominado tanto tiempo en Su mundo.

Dos tipos de maldad

El mal significa maldad, y tiene el efecto de arruinar o desperdiciar o excluir el bien de una vida recta, valiosa y alegre. El mal, tal como se define, toma dos formas. Primero, hay maldad externa a nosotros, la maldad de las circunstancias, «problemas, tristeza, necesidad, enfermedad o cualquier otra adversidad». Las circunstancias se vuelven malas cuando nos infligen más dolor y frustración de lo que puede ser bueno por la forma en que las enfrentamos. De hecho, las circunstancias no suelen ser tan malas. Beethoven fue capaz de convertir la frustración de la sordera y el dolor de la soledad en la música del heroísmo; innumerables inválidos han podido alcanzar dignidad y serenidad a pesar de la agonía física y crónica; y el salmista puede decir: «Bueno me es haber sido humillado, para que aprenda tus estatutos» (Sal. 119:71). Sin embargo, como sucede a veces, el dolor es tal que un hombre solo puede gritar hasta que se desmaya de agotamiento, esto es ciertamente malo.

En segundo lugar, hay maldad dentro de nosotros, la maldad de la corrupción. Esta es la maldad de los hombres malos y los ángeles caídos, la maldad que es desde un punto de vista una falta de bien y de aquel que fue bueno pero que se volvió malo: como el diablo, Adán, tú y yo. Cómo y por qué el bien se corrompe es más profundo de lo que las Escrituras explican o de lo que podemos comprender, pero el hecho está ahí. Mientras que en relación con el primer tipo de mal somos pasivos (lo sufrimos), en relación con el segundo tipo somos activos (lo hacemos). «El mal que no quiero, eso hago» dice Pablo (Rom. 7:19); ante lo cual, la respuesta de todo hombre sincero debe ser: «Sí, y yo también».

Dios al rescate

Los cristianos no pueden ignorar el mal alrededor y dentro de ellos, ni están en libertad de intentarlo, porque su llamado es enfrentar el mal y vencerlo con el bien (Rom. 12:21). Pero esto supone que el mal no los venza; y aquí entra el Padrenuestro una vez más.

Jesús nos dice que le pidamos a Dios que nos libre «del mal». Si esta frase griega significa «mal» en general o «del maligno» (como lo dice la NVI) no importa, aunque el segundo es quizás más probable. La primera traducción significaría «líbranos de todo el mal del mundo, de nosotros mismos, de otros hombres, de Satanás y sus huestes»; la segunda traducción significaría «líbranos de Satanás, que busca nuestra ruina, y de todo lo que él aprovecha para ese fin: toda la impiedad del mundo, toda la pecaminosidad de nuestra carne, toda maldad espiritual de todo tipo». Ambas traducciones llegan a lo mismo.

El gran punto es que, al darnos esta oración, Jesús nos está dando una promesa implícita de que, si buscamos la liberación del mal, la encontraremos. En el momento en que clamemos «libera», empezará la operación de rescate de Dios; la ayuda estará en camino para hacer frente a cualquier forma de mal que nos amenace.

Estudio bíblico adicional

Librados del mal:
• 2 Corintios 1:3-11; 12:1-10

Preguntas para la reflexión y la discusión

• ¿Qué está haciendo Dios ahora con el mal? ¿Qué hará en última instancia?
• ¿Qué determina si las malas circunstancias nos construyen o nos derrumban?
• ¿A quién libra Dios del mal y por qué?

14

El reino y el poder

Así como la música puede expresar toda la gama de emociones humanas, también el modelo de oración de nuestro Señor cubre todo el abanico de preocupaciones con las que la vida confronta al discípulo cristiano. La alabanza por nuestra redención (*Padre*), la adoración de la grandeza trascendente de Dios (en los *cielos*), el celo por Su gloria (*santificado sea Tu nombre*), el anhelo de Su triunfo (*venga Tu reino*) y nuestra entrega a Él (*hágase Tu voluntad*), se expresan en la primera mitad. En lo que respecta al análisis común de los elementos de la oración como adoración, consagración, gratitud y súplica, todos, excepto el último elemento, están cubiertos hasta ahora. Entonces, las súplicas de la segunda mitad han expresado nuestra dependencia de Dios para las necesidades materiales (*danos* […] *el pan nuestro de cada día*), nuestro arrepentimiento por fracasar en fidelidad y nuestra renuencia a desarrollar la piedad como una forma de vida (*perdónanos* […] *como hemos perdonado*), y nuestra debilidad frente a las fuerzas de nuestros enemigos espirituales (*no nos dejes caer en tentación, sino líbranos*). Ahora, finalmente, siguiendo la forma tradicional de la oración, somos llevados de nuevo a la alabanza.

De acuerdo con las versiones más antiguas, la doxología con la que termina el Padrenuestro no está en los mejores manuscritos. Sin embargo, ¡está en la mejor tradición! Las doxologías (es decir, los actos de alabanza a Dios por Su gloria) aparecen en toda la Biblia y vimos antes cómo en la devoción personal la alabanza y la oración crecen, dirigen y se estimulan mutuamente. Las necesidades insatisfechas y satisfechas son su fuente principal y la alabanza por lo que Dios es, y hace, es el fuerte apoyo de la esperanza en lo que Él puede y hará. Así que, cuanto más alabes, más vigor tendrás para la oración; y cuanto más ores, más motivos tendrás para alabar.

Oración y alabanza

La oración y la alabanza son como las dos alas de un pájaro: cuando ambas trabajan, se elevan; si una no funciona, no pueden despegar de la tierra. Pero las aves no deben estar atadas a la tierra, ni los cristianos deben de vivir sin alabanza. Las frases «que estás en los cielos» al inicio, y «como en el cielo» en el medio son pausas para alabar en la fluidez de la oración del Señor, y si esta doxología final no es de los labios de Jesús, ciertamente refleja Su mente.

La alabanza está vinculada a la oración aquí por la conjunción «porque»: «Porque Tuyo es el reino y el poder y la gloria...». La conexión del pensamiento es que le pidamos a nuestro Padre celestial provisión, perdón y protección con mucha confianza, pues sabemos que, por un lado, que Él les dé esto a Sus hijos está dentro de Su *capacidad* y, por el otro, está alineado con el carácter que muestra cuando trata con los hombres; es decir, Su *gloria*. Esto, por lo tanto, es un ejemplo real de alabanza por el poder y la gloria de Dios que viene a la oración por los frutos de ambos.

El reino y el poder

El reino y el poder, como se le atribuyen a Dios en esta doxología, son dos palabras que expresan un solo pensamiento compuesto (los gramáticos llaman a este modismo *endíadis*, es común en la literatura antigua). La idea es de control omnipotente. *Reino* se usa como en el Salmo 103:19: «su reino domina sobre todos»: denota el dominio global de Dios del orden de la creación, el cual se da por sentado en la petición de que el reino de Dios, en el otro sentido, el orden de la redención que afecta todo, «venga». Satanás, el principal ejemplo de cómo el pecado engendra astucia, pero socava la inteligencia y pudre la mente, no acepta que el

Señor sea Rey en este sentido básico y descartaría esta doxología (de hecho, todas las doxologías) como falsa; pero los cristianos son más sensatos y, entonces, alaban a Dios.

El poder es el dominio real que muestra el gobierno de Dios: no el poder arbitrario y simple, como el de un tornado o un elefante rebelde o un dictador chiflado, sino una beneficencia invencible, que cumple triunfalmente los propósitos de misericordia y bondad amorosa «para nosotros y para todos los hombres». Es el poder por el cual Dios es bueno con todos, rescató a Israel de Egipto y resucitó a Cristo de los muertos (Ef. 1:19 ss., etc.).

Los salmos que proclaman a Dios como el invencible Rey misericordioso (por ejemplo, Salmos 47, 93, 97, 145) forman la mejor exposición del «reino y el poder» en esta doxología. Léelos, medítalos, ponlos debajo de tu piel y en tu corazón, ¡y únete al club del gozo cristiano! «Es bueno cantar salmos a nuestro Dios, porque suave y hermosa es la alabanza» (Sal. 147:1).

Estudio bíblico adicional

Dios en el trono:
• Daniel 4
• Salmo 145

Preguntas para la reflexión y la discusión

• ¿Cómo se dirigen y estimulan mutuamente la alabanza y la oración?
• ¿Qué es el «control omnipotente» y cómo lo está ejerciendo Dios en el mundo de hoy?
• ¿Cómo es el poder de Dios?

15

Y la gloria

E n el Nuevo Testamento, la palabra «gloria» lleva dos significados entrelazados, cada uno de los cuales implica el otro. Uno se refiere a la alabanza manifestada del Creador; el segundo se refiere a la alabanza que proviene de Sus criaturas. Qué significado se prioriza va a depender de si la referencia es a la gloria que Dios *tiene*, *muestra* y *da* o a la que se le da. Porque nosotros, en gratitud, bendecimos al Dios que en gracia nos ha bendecido y esto es para glorificar a Aquel que incluso ahora nos está glorificando al rehacernos a la imagen de Cristo (ver 2 Cor. 3:18; Ef. 1:3; comp. Rom. 1:21 con 8:17, 30). Pero aquello por lo que los hombres dan gloria a Dios siempre es algo glorioso, mientras que la gloria que Dios muestra al hombre siempre tiene la intención de producir alabanza.

La gloria revelada

En el Antiguo Testamento, Dios mostró Su gloria en forma típica y visual como una luz brillante y sobrecogedora (la *shekinah*, como el judaísmo posterior la llamó). Esa fue la señal de Su presencia caritativa tanto en el tabernáculo como en el templo (Ex. 40:34; 1 Rey. 8:10 ss.). La revelación esencial y permanente de la gloria de Dios, sin embargo, fue dada por Sus grandes actos de juicio merecido y amor inmerecido y en Su «nombre», que no fue solo una etiqueta, como lo son nuestros nombres, sino una revelación de la naturaleza y el carácter de Dios. Jehová (Yahvéh, como lo traducen los eruditos modernos) significa «Yo soy (y seré) lo que soy (y seré)» (ver Ex. 3:13-15) y la declaración completa del «nombre» de Dios declara precisamente lo que Él es y será. Esta declaración fue hecha a Moisés; cuando Moisés le pidió a Dios: «Te ruego que me muestres tu gloria», Dios respondió no solo con una manifestación visual, sino también declarando «el nombre de "Jehová" (Yahvéh) [...] misericordioso y piadoso; tardo para la ira, y grande en misericordia y verdad, que guarda misericordia a millares, que perdona la iniquidad, la rebelión y el pecado, y que de ningún modo tendrá por inocente al malvado» (Ex. 33:18– 34:7). Este carácter moral es la gloria esencial de Dios.

Así, cuando el Verbo se hizo carne en humildad, habiéndose despojado de la gloria que compartió con el Padre antes de la creación, el brillo impresionante de la *shekinah* se ocultó, excepto por el único momento aislado de la transfiguración; sin embargo, los discípulos de Jesús pudieron testificar: «vimos su gloria», la gloria de la deidad personal «[llena] de gracia y de verdad» (Juan 1:14; comp. 17:5; Fil. 2:7). Así como la gloria física de la luz *shekinah* es grandiosa, la gloria moral del amor redentor de Dios es aún mayor. Aquellos a quienes Dios ilumina hoy para comprender el evangelio nunca ven la *shekinah*, sino que contemplan la gloria de Dios en el rostro de Jesucristo (2 Cor. 4:6).

La gloria concedida

Cuando en la doxología tradicional del Padrenuestro atribuimos la gloria, junto con reconocerlo como Rey, a Dios para siempre, primero estamos diciéndole a Dios (y así recordándonos a nosotros mismos) que Él, nuestro Creador y Redentor, es, y siempre será, glorioso en todo lo que hace, especialmente en Sus actos de gracia («te damos gracias *por tu gran gloria*»); y, segundo, nos comprometemos, ahora y siempre, a alabarlo y adorarlo por todo («*gloria* a Dios en lo alto»). La doxología hace que el Padrenuestro termine en alabanza, tal como lo hará la vida cristiana misma: porque mientras la oración se acabará en esta vida, la tarea gozosa de dar gloria a Dios durará por toda la eternidad.

¿Gloria a quién?

Ahora probemos nuestra calidad espiritual.

El principio del pecado humano (el cual es la imagen del diablo en el hombre) es este: la gloria no es de Dios, sino que es mía. En consecuencia, mostramos a otros lo que creemos que es nuestra gloria, para que los observadores nos den gloria a nosotros. Esta es una faceta de nuestro orgullo: lo llamamos vanidad. Las personas vanidosas montan un espectáculo con sus rasgos, aspecto físico, ropa, habilidades, posición, influencia, hogares, cerebros, amistades o lo que sea de lo que estén más orgullosas, esperan aplausos y se sienten resentidas y heridas si los demás no las reconocen y no se impresionan con ellas.

Pero los cristianos saben que la vanidad es una mentira, porque supone que somos nosotros los que debemos ser alabados y admirados por lo que somos, y eso no es así. El cristianismo no nos enseña a fingir que carecemos de cualidades que sabemos muy bien que tenemos, sino a reconocer que todo lo que tenemos es un regalo de Dios para nosotros, por lo cual Él debe ser alabado y admirado por ello en lugar de nosotros.

La prueba es preguntarte cuán complacido o descontento estás si Dios es alabado mientras que tú no lo eres, o también si eres alabado mientras Dios no lo es. El cristiano maduro se contenta con que no se le dé gloria, pero le preocupa si los hombres no glorifican a Dios. Al puritano Richard Baxter, el destacado escritor devocional de su época, le dolió en su lecho de muerte que los visitantes lo elogiaran por sus libros. «Yo no era más que un bolígrafo en la mano de Dios», susurraba, «¿y qué alabanza se debe a un bolígrafo?». Eso demuestra la mentalidad de quienes son maduros; quieren clamar a cada momento: «¡Da gloria a Dios, porque es lo que le corresponde y es solo suya!».

¿Qué nos dice esta prueba sobre nosotros mismos?

Estudio bíblico adicional

El camino de la doxología:
- Romanos 11:33-36
- Efesios 3:20 ss.
- 1 Timoteo 6:13-16

- Hebreos 13:20 ss.
- Judas 24 ss.
- Apocalipsis 1:4-7

Preguntas para la reflexión y la discusión

- ¿Cuáles son los dos significados de la palabra «gloria» y cuál es la relación entre ambos?
- ¿Qué tiene que ver el carácter de Dios con Su gloria?
- ¿Nuestra capacidad de ver la gloria de Dios está limitada por la ausencia de la *shekinah*? ¿Por qué sí o por qué no?

16

Amén

¿Qué quiere decir «amén» cuando lo decimos después del Padrenuestro o de cualquier otra oración?

¡Sí, esa es la verdad!

«Amén» es una palabra hebrea usada en el Antiguo Testamento y en el culto de la sinagoga; de ahí pasó al habla cristiana. En las Escrituras no solo termina la oración mostrando un deseo ferviente de ser escuchado, sino que también expresa la aceptación de cosas tales como las órdenes del rey David (1 Rey. 1:36) y las amenazas de Dios (Núm. 5:22; Deut. 27:17-26). La raíz de su significado es «verdadero, firme, sólido, cierto» y lo que expresa es un enfático *sí* a lo que se le ha dicho: «Definitivamente sí», como lo diría un hombre de las Tierras Medias inglesas o «esa es la verdad» como se diría coloquialmente hoy. «Que así sea», la paráfrasis habitual de «amén», es demasiado débil: «amén» no solo expresa un deseo, sino una confianza convencida: «así *será*».

«Amén» puede seguir a una expresión o precederla («de cierto» en la fórmula de Jesús, que se repite más de cincuenta veces, «de cierto os digo...» es «amén» en el original). En todo caso, subraya la expresión como importante, con la cual el que habla se identifica por completo. En 2 Corintios 1:20, Pablo habla de cristianos que dicen «amén» a las promesas de Dios, glorificándolo como verdadero y confiable en lo que dice, «el Dios del Amén» y cuyas «palabras son verdad» (Isa. 65:16, RVR1977; 2 Sam. 7:28). Además, en 1 Corintios 14:16 se pretende que los cristianos digan «amén» a las oraciones de agradecimiento pronunciadas en la adoración pública. El efecto de decir «amén», suponiendo que se diga tanto con el corazón como con la voz, es asociarse tanto con promesas como con oraciones de una manera que las haga propias.

¿Tu oración?

La doxología tradicional nos enseña a terminar el Padrenuestro con «amén». Esto es correcto. «Amén» (dicho mejor en voz alta y con énfasis) es nuestra declaración final de que lo que hemos dicho es en serio, y de que nos hemos identificado por completo con la mentalidad, la esperanza y el objetivo que expresa la oración. Así que la forma más adecuada de terminar estos breves estudios sobre la oración que nos tomará dominar toda una vida (y más), es con una lista de verificación de los principales elementos involucrados, y por eso te pregunto:

¿Te identificas con confiar en Jesucristo como tu Salvador y tener fe en Dios como tu Dios a través de Él, y reconoces a cada cristiano como tu hermano en la familia de Dios, expresada por el «Padrenuestro»?

¿La santificación del nombre de Dios en y a través de ti es el propósito que te controla cueste lo que cueste en la vida? ¿Quieres ver a Dios triunfar en Su reino y ver que todo lo que no coincide con Su perfección llegue a su fin?

¿Trabajarás y sufrirás por el reino, si es necesario, para convertirte en Su representante, para ser el medio que lo lleve a vidas y situaciones donde las puertas han sido cerradas contra Dios?

¿Aceptas con felicidad que la voluntad de Dios gobierne sobre tu vida, así como la voluntad de Dios sobre los eventos de tu destino, sabiendo (por fe) que ambas son supremamente buenas?

¿Hay algún asunto en el que estés caminando en contra de la voluntad de Dios, apoyándote en el argumento de que hay otros mandamientos que sí guardas con fidelidad? Si es así, ¿qué harás al respecto?

¿Ves y entiendes que estás perdido a menos que Dios actúe para proveer para las necesidades, perdonar los pecados y protegerte de las tentaciones de hoy?

¿Tomas como una cuestión de conciencia el nunca guardar rencor o amargura contra nadie, sino mostrar misericordia perdonadora siempre, debido a la misericordia perdonadora que Dios siempre te muestra?

¿Hay alguna persona a la que hasta ahora te hayas negado a perdonar por lo que te hizo? ¿Le pedirás al Señor en este momento que te ayude a cambiar tu actitud y a estar bien con esa persona?

¿Acostumbras velar y orar en contra de la tentación? ¿Lo convertirás en tu hábito de ahora en adelante?

¿Está el Padrenuestro realmente en tu corazón? ¿Estás siendo sincero cuando le dices «amén»? «Oh Dios, limpia nuestros corazones dentro de nosotros; y no quites de nosotros tu Espíritu Santo». Señor, enséñame a orar, enseñándome a vivir; en el nombre de Jesús; *amén*.

Estudio bíblico adicional

Los peligros de la falta de sinceridad:
- Eclesiastés 5:1-6
- Hechos 5:1-11

Preguntas para la reflexión y la discusión

- ¿Qué significa «amén»?
- ¿Por qué Dios es llamado «el Dios del Amén»?
- ¿Qué implica decir «amén» al Padrenuestro?

Cuarta Parte

Diseño para la vida:
los Diez Mandamientos

Los Diez Mandamientos

Y habló Dios todas estas palabras, diciendo: Yo soy Jehová tu Dios, que te saqué de la tierra de Egipto, de casa de servidumbre.

No tendrás dioses ajenos delante de mí.

No te harás imagen, ni ninguna semejanza de lo que esté arriba en el cielo, ni abajo en la tierra, ni en las aguas debajo de la tierra.

No te inclinarás a ellas, ni las honrarás; porque yo soy Jehová tu Dios, fuerte, celoso, que visito la maldad de los padres sobre los hijos hasta la tercera y cuarta generación de los que me aborrecen, y hago misericordia a millares, a los que me aman y guardan mis mandamientos.

No tomarás el nombre de Jehová tu Dios en vano; porque no dará por inocente Jehová al que tomare su nombre en vano.

Acuérdate del día de reposo para santificarlo. Seis días trabajarás, y harás toda tu obra; mas el séptimo día es reposo para Jehová tu Dios; no hagas en él obra alguna, tú, ni tu hijo, ni tu hija, ni tu siervo, ni tu criada, ni tu bestia, ni tu extranjero que está dentro de tus puertas.Porque en seis días hizo Jehová los cielos y la tierra, el mar, y todas las cosas que en ellos hay, y reposó en el séptimo día; por tanto, Jehová bendijo el día de reposo y lo santificó.

Honra a tu padre y a tu madre, para que tus días se alarguen en la tierra que Jehová tu Dios te da.

No matarás.

No cometerás adulterio.

No hurtarás.

No hablarás contra tu prójimo falso testimonio.

No codiciarás la casa de tu prójimo, no codiciarás la mujer de tu prójimo, ni su siervo, ni su criada, ni su buey, ni su asno, ni cosa alguna de tu prójimo.

(Éxodo 20:1-17)

Prefacio

Los automóviles son aparatos complejos, y con los miles de componentes que tienen, hay mucho que podría salir mal. Sin embargo, el manual del fabricante dice cómo lograr un rendimiento placentero del automóvil, con un desgaste mínimo; pero si lo usas de forma incorrecta para que funcione mal, no podrás decir que no se te advirtió. Con la sabiduría que contiene el manual de reparación que los fabricantes también entregan, el automóvil puede ser reparado, pero si se desprecian las instrucciones del fabricante, lo único que se puede esperar son problemas.

Los automóviles son parábolas de sus dueños. Nosotros también estamos maravillosamente hechos, complejos físicamente y aún más psicológica y espiritualmente. Nosotros también tenemos un manual del creador, es decir, el resumen de Dios sobre cómo quiere que vivamos. Lo encontramos en los Diez Mandamientos. El hecho de que como personas crezcamos y florezcamos o nos encojamos y marchitemos, o que en carácter lleguemos a ser más como Dios o más como el diablo, depende directamente de si buscamos vivir por lo que dicen los mandamientos o no. El resto de la Biblia podría llamarse «el manual de reparación» de Dios, ya que explica el evangelio de la gracia que restaura la naturaleza humana dañada por el pecado; pero son los mandamientos los que cristalizan el patrón de comportamiento básico que trae satisfacción y contentamiento, y es precisamente a esta forma de vida que la gracia de Dios nos rescata y nos reacondiciona.

Supongamos que alguien dice: «¡Trato de tomar en serio los Diez Mandamientos y vivir de acuerdo con ellos, pero me ahogan! Todos los días fallo en alguna parte. ¿Qué debo hacer?». La respuesta es: «Ahora que conoces tu propia debilidad y pecaminosidad, regresa a Dios y a Su Hijo Jesucristo para obtener perdón y poder. Cristo te llevará a un nuevo tipo de vida, en la que el deseo más profundo de tu corazón será seguir el camino de Dios y la obediencia ya no será una carga». Aquella persona que toma la ley como su norma puede encontrar a Cristo el Salvador como su Gobernante, eso es algo por lo que orar y trabajar.

El amor de Dios nos dio la ley, así como Su amor nos dio el evangelio, y como no hay vida espiritual para nosotros excepto a través del evangelio que nos señala a Jesucristo el Salvador, tampoco hay salud espiritual para nosotros excepto cuando buscamos en la fortaleza de Cristo guardar la ley y practicar el amor de Dios y del prójimo al que somos llamados.

Supongamos que la gente empiece a decir con frecuencia: «Con la ayuda de Dios, viviré por los Diez Mandamientos todos los días de ahora en adelante. Empezaré a honrar a Dios y a obedecerle. Tomaré nota de todo aquello que me dice. Estaré en la iglesia para adorar cada semana. No cometeré adulterio, ni me entregaré a la lujuria, ni despertaré la lujuria en los demás. No robaré, ni abandonaré el camino de la honestidad total. No mentiré ni engañaré. No envidiaré ni codiciaré». La vida comunitaria se transformaría y los problemas nacionales masivos se disolverían de la noche a la mañana. Es algo más por lo que orar y trabajar.

Imaginemos que todas las iglesias y congregaciones estuvieran ardiendo de celo por Dios y por la santidad personal y por la justicia nacional, ¡vaya, eso sería un avivamiento! El avivamiento es una visita divina a las comunidades y su fuerza moral no tiene parecido con nada más. Cuando Dios vivifica a Su iglesia, el tremendo poder que limpia se desborda y transforma el tono moral de la sociedad de una forma que nada más lo puede hacer. Que necesitamos un avivamiento no está en duda; tampoco se puede dudar de que esta necesidad nos lleve a la oración.

Cuando no se respetan los absolutos morales de la ley, las personas dejan de respetarse a sí mismas o a las demás; la humanidad está deformada y la sociedad va en camino hacia la decadencia asesina de la explotación mutua y la autoindulgencia. Habiendo vivido en la década de 1990, sabemos todo sobre la enfermedad. Vale la pena pensar en cómo sería curarse. ¿Quién sabe? Tal vez recibamos la gracia de que esa idea nos resulte atractiva.

1

Modelo de conducta

L a vida significa relaciones: con Dios, los hombres y las cosas. Tener buenas relaciones es una alegría de la vida, pero no tenerlas es una carga. Es natural amar la vida y es contrario a la naturaleza querer que se detenga. Sin embargo, tanto hoy como cuando nació el cristianismo, muchos experimentan la vida como una miseria que no tiene sentido, al punto que sus pensamientos los llevan hasta el suicidio. ¿Qué salió mal? Probablemente las relaciones. Aunque la depresión puede tener raíces físicas y necesitar de tratamiento físico, las relaciones desordenadas suelen ser al menos parte del problema y para una cura completa estas deben corregirse.

¿Qué implica esto? Los trabajadores sociales saben cuánto desgasta el espíritu no tener relaciones humanas significativas y tratan de ayudar en este aspecto. Sin embargo, enfocarse solo en eso es menos de la mitad de la cura. El verdadero gozo viene solo a través de relaciones significativas con Dios, de saborear Su amor y caminar por el camino de Cristo. Esta es la verdadera *dolce vita*, la vida que es genuinamente dulce y buena.

Sabiduría olvidada

Ahora, el modelo para esta vida fue establecido para siempre en los Diez Mandamientos que Dios dio a los judíos a través de

Moisés en el Sinaí unos trece siglos antes de Cristo. Los cristianos del pasado los consideraron (para citar el título de la exposición de William Barclay) la *Guía de ética para el hombre de hoy*. Tenían razón. El mundo de hoy, incluso la Iglesia de hoy, los ha olvidado en su mayoría (¿podrías enumerarlos?). Esa es nuestra necedad y pérdida. Porque, así como una perla, ellos son la sabiduría que necesitamos.

Debido a que las Escrituras llaman a los Diez Mandamientos la «ley» de Dios, suponemos que son como la ley de la tierra, un código formal de qué hacer y qué no hacer, que restringe la libertad personal por el bien del orden público. Pero la comparación es incorrecta. La Torá (hebreo para «ley») se refiere al tipo de instrucción que un padre bueno le da a su hijo. Proverbios 1:8 y 6:20 en realidad usan «Torá» para la enseñanza de los padres.

Piensa en todas las palabras del hombre sabio a su hijo en Proverbios 1:8–8:36 como si fueran dirigidas a nosotros por nuestro Padre celestial (de hecho, lo son, como en esta frase tan real dicha por Agustín: «Lo que dice tu Escritura, tú lo dices»). Eso te dará una idea correcta de la naturaleza y el propósito de la ley de Dios. No está ahí para frustrar la autoexpresión (aunque a veces puede parecer así, ¡porque los niños odian la disciplina!), sino para guiarnos hacia aquellos caminos que son mejores para nosotros. La ley paternal de Dios expresa el amor paternal de Dios.

¿Subcristiano?

Algunos leen el Antiguo Testamento haciendo especulaciones básicas que el Nuevo Testamento después elimina. Pero «Dios habiendo hablado [...] por los profetas» (Heb. 1:1), entre quienes Moisés fue el más grande (ver Deut. 34:10-12), y Sus mandamientos, dados a través de Moisés, establecen un estándar moral y espiritual para la vida que no es reemplazado, sino que lleva la autoridad de Dios para siempre. Ten en cuenta que la doble ley de amor de Jesús, que resume los mandamientos, viene de la enseñanza que Dios le dio a Moisés (porque eso es lo que son los códigos de la ley del Pentateuco). «Amarás a [...] tu Dios» es de Deuteronomio 6:5, «amarás a tu prójimo» de Levítico 19:18.

No se puede enfatizar demasiado que la enseñanza moral del Antiguo Testamento (a diferencia de la revelación de la gracia del

Antiguo Testamento) no es inferior a la del Nuevo Testamento, y mucho menos a los estándares convencionales de nuestro tiempo. Las barbaridades del sexo sin reglas, la violencia y la explotación, los métodos comerciales despiadados, la lucha de clases, el desprecio por la familia y otros son avalados solo por nuestra sociedad secular moderna. El Antiguo Testamento supuestamente primitivo y los mandamientos de 3000 años de antigüedad en particular, son baluartes contra todas estas cosas.

Tal vez digas: ¿acaso este tipo de conversación no pone al Antiguo Testamento por encima de Cristo? ¿Puede ser eso correcto? ¿Es posible que la enseñanza que lo precede por un milenio y cuarto sea inferior a la suya? ¿Se puede decir que los mandamientos son demasiado negativos porque siempre están diciendo: «No hagas tal cosa»? ¿Acaso debemos buscar en otra parte estándares cristianos más completos? Son preguntas justas; pero existe una doble respuesta.

Primero, Cristo dijo en el Sermón del Monte (Mat. 5:17) que no vino a *abrogar* la ley, sino a *cumplirla*; es decir, a ser y ayudar a otros a ser todo lo que Dios en los mandamientos había requerido. Lo que Jesús destruyó fueron las exposiciones incorrectas de la ley, no la ley en sí misma (Mat. 5:21-48; 15:1-9; etc.). Al dar exposiciones verdaderas, es como si hubiera publicado la ley de nuevo. El Sermón de Monte en sí aborda los temas del Decálogo, pero desarrollados en un contexto cristiano.

Segundo, la forma negativa de los mandamientos tiene implicaciones positivas. «Donde un pecado está prohibido, el deber contrario es ordenado» (*Catecismo Mayor de Westminster*, pregunta 99). La forma negativa era necesaria en el Sinaí (como en el Occidente hoy en día) para frenar la maldad que amenazaba tanto la piedad como la vida nacional. Pero el contenido positivo señalado por Cristo (amar a Dios con todas nuestras fuerzas y al prójimo como a uno mismo) es muy claro, como ya veremos.

Estudio bíblico adicional

Cristo y la ley:
- Mateo 5:17-48; 12:1-14; 15:1-9; 22:34-40

Un nuevo estilo de vida para personas nuevas:
- Efesios 4:17–5:14

Preguntas para la reflexión y la discusión

- ¿Por qué son tan importantes las relaciones en nuestras vidas y dónde encaja la relación con Dios?
- ¿Qué quiere decir Packer al afirmar que Jesús «volvió a publicar la ley»?
- La ley adopta la forma de una serie de prohibiciones, sin embargo, se considera positiva, no negativa, en su contenido. Explica esto.

2

Yo y tú

De las relaciones que conforman nuestra vida, algunas son personales, otras no. Una relación personal es con un sujeto personal, un «tú» que dice «yo» cuando se dirige a nosotros. Una relación impersonal es con un objeto no personal, una cosa. Nuestras relaciones con automóviles, casas, hornos y computadoras, por ejemplo, son impersonales, incluso si les damos nombres de cariño; los usamos como conveniencias, medios para expresarnos y ejecutar nuestros planes y con toda razón. Pero tratar a las personas de esa manera es incorrecto y, de hecho, destructivo, porque las personas no pueden soportar ser tratadas como cosas. Las personas tienen valor en sí mismas y son fines en sí mismas; deben ser respetadas como personas, no utilizadas como peones.

Dicho de forma positiva, las personas hacen declaraciones. Se comunican y nos piden que respondamos. En las relaciones que de verdad son personales, uno ama, honra y sirve al otro y la respuesta es la regla de vida. En este mundo caído, donde con demasiada frecuencia tú eres tu dios y yo soy el mío, pocas relaciones, incluso las de casa y con supuestos amigos, son lo suficientemente personales; por el contrario, nos usamos y nos ignoramos terriblemente. «Nadie me trata como persona; nadie se preocupa por mí» es un grito de nuestro tiempo, pero el problema es tan antiguo como la humanidad.

Relaciones personales con Dios

Ahora, la relación del cristiano con Dios el Creador es un asunto personal, una relación «yo-tú» en todo momento. Para el cristiano, Dios no es, como lo es para algunos, una fuerza cósmica para sacar partido de un «algo» infinito que no reclama más de él de lo que el genio de la lámpara le reclamó a Aladino. Los cristianos saben que Dios los ha llamado a una relación de amor y servicio mutuo, de escucharse y responderse, de pedir, dar, tomar y compartir de ambos lados. Los cristianos aprenden esto observando y escuchando a Dios encarnado en las historias del evangelio y al notar las palabras de invitación, mandato y promesa que Dios habló a través de profetas y apóstoles. La fórmula que se declaró dos veces en los mandamientos (Ex. 20:1-17; Deut. 5:6-21) lo deja particularmente claro.

Porque los mandamientos son el edicto de Dios para las personas que ha amado y salvado, a quienes habla en términos de «yo-tú» en cada aspecto. «Yo soy Jehová tu Dios, que te saqué [...] no tendrás...». Las diez directivas, que encarnan la intención del Creador para la vida humana como tal, se presentan aquí como instrumentos para mantener una relación redimida que ya se ha dado por gracia. Para los cristianos de hoy, como para los judíos en el Sinaí, guardar la ley (es decir, cumplir con las demandas de nuestro Dios, mandamientos 1-4 y los mandamientos sobre nuestro prójimo, mandamientos 5-10) no es un intento de ganar la admiración de Dios y ponerlo en deuda con nosotros, sino la forma y la esencia de una respuesta personal agradecida a Su amor.

Hemos estado hablando de nuestro Hacedor como si fuera una sola persona, como los judíos, musulmanes y los unitarios suponen que es; pero este es el momento de señalar que los cristianos saben que el único Dios es tripersonal y saben también que la comunión con el Padre y el Hijo a través del Espíritu a la que ellos, como pecadores salvos, están llamados, debe ser modelada en la comunión del Hijo con el Padre, como se revela en Su vida en la tierra. La obediencia amorosa, la lealtad gozosa y la devoción sincera a Su Padre era el camino de Jesús; esta misma actitud tanto hacia el Padre como hacia el Hijo (y de hecho hacia el Espíritu, excepto que no tratamos con el Espíritu de la misma manera directa) ahora debe ser nuestra. Nuestra relación de amor con las personas de la Deidad debe ser modelada en una relación de amor dentro de la Deidad misma. Ningún vínculo personal que un hombre conozca es más profundo o exigente que esto ni (hay que añadir) tiene un efecto más transformador.

En todas las relaciones humanas que se cultivan, hay cinco elementos que deben estar presentes en ambos lados: aceptar, pedir, prometer, complacer y, cuando sea necesario, disculparse. Ahora, cuando Dios nos hace parte de Su familia, nos acepta a través de la expiación de Cristo; pide el servicio de nuestras vidas; Sus «preciosas y grandísimas promesas» para nosotros (2 Ped. 1:4) garantizan que seremos protegidos y provistos, y se compromete a agradarnos guiándonos a la plenitud de Su gozo. (¡Nunca necesitamos disculparnos por nada de eso! Todo es gracia grande y gloriosa).

Nuestra parte es aceptar al Jehová trino como nuestro Dios; pedir y depender de Él diariamente para lo que necesitemos; prometer nuestra obediencia leal y cumplir nuestra promesa en Su fuerza; apuntar en todo lo que hacemos a complacerlo y practicar constantemente el arrepentimiento, que empieza con confesar y pedir perdón por nuestros pecados y termina con renunciar a ellos y pedir ser liberados de ellos. Así como atendemos a los deseos de aquellos que amamos en la familia humana, también atendemos a la ley del Señor por amor al Señor de la ley.

Los fariseos, pensando que servían a Dios sirviendo sin amor a la ley, despersonalizaron todas las relaciones y se deshumanizaron, y Jesús los condenó por ello. Las relaciones amorosas con Dios y con los demás por amor a Él son de lo que realmente se trata el servicio al Señor, como se establece en el Decálogo. El amor responde a Su amor, mientras declara: «Yo soy [...] no harás...». Es el verdadero secreto del cumplimiento de la ley. ¿Ya hemos aprendido este secreto?

Estudio bíblico adicional

Guardar la ley con amor:
• Deuteronomio 11
Guardar la ley sin amor:
• Mateo 23

Preguntas para la reflexión y la discusión

- ¿Por qué está mal usar a las personas? ¿En qué circunstancias lo hacemos?
- ¿Cuál es la importancia de la relación «yo-tú» entre Dios y nosotros para determinar nuestra respuesta a los mandamientos?
- ¿Qué significa decir que los fariseos despersonalizaron las relaciones y se deshumanizaron a ellos mismos?

3

La ley y el amor

Los Diez Mandamientos no son muy populares hoy en día. ¿Por qué? En parte porque son leyes que regulan asuntos particulares que deben y no deben hacerse. A la gente no le gusta la ley (esa es una señal de nuestra pecaminosidad) y se ha extendido mucho la idea de que los cristianos no deben ser guiados por la ley, sino solo por el amor.

Ética situacional

Esta idea, para la cual «ética situacional» es el nombre moderno, ve el Decálogo y el resto de la enseñanza de la Biblia acerca del comportamiento solo como una regla empírica que se volvió tradicional (no como una enseñanza divina, sino como algo generalizado para la humanidad), que enseña maneras de expresar amor de forma habitual. Pero, según los situacionistas, todas las reglas tienen excepciones y los mandamientos pueden ser anulados con razón si es que vemos que se les puede hacer más bien a más personas. Así que, en cada situación, la pregunta es si el cumplimiento de la ley es en realidad lo mejor que podemos hacer. Así, la vida moral se convierte en una sesión de jazz en la que en cualquier momento puedo improvisar en lugar de seguir las notas de las partituras.

Se ha intentado justificar en términos situacionistas acciones que van desde la fornicación hasta la subversión política, sobre la base de que todo ha sido por una buena causa. El situacionista dice que el fin justifica los medios.

Falsa antítesis

Pero la antítesis de «el amor o la ley» es falsa, así como la degradación de la ley es perversa. El amor y la ley no son opuestos, sino que son aliados, y forman juntos el eje de la verdadera moralidad. La ley necesita del amor para impulsarse, de lo contrario tenemos el fariseísmo, que pone los principios antes que a las personas y dice que uno puede ser perfectamente bueno sin amar de verdad al prójimo. La forma más real y amable de ver el movimiento situacionista es como una reacción contra el fariseísmo real o imaginario. Aun así, es un salto de la sartén al fuego, dado que la corrección, por más fría que sea, hace menos daño que vivir sin ley, por mejores que sean las intenciones. El amor necesita de la ley como sus ojos, porque el amor (tanto el *ágape* cristiano como el *eros* sexual) es ciego. Querer amar a alguien cristianamente no te dice en sí mismo cómo hacerlo. Solo cuando observamos los límites establecidos por la ley de Dios podemos realmente hacerles bien a las personas.

Ten en cuenta dos verdades. Primero, la ley de Dios expresa Su carácter. Refleja Su propio comportamiento; nos habla de aquello que Él ama y odia ver en nosotros. Es una receta para la santidad, la conformidad consagrada a Dios, que es Su verdadera imagen en el hombre. Como tal (esta es la segunda verdad) la ley de Dios se ajusta a la naturaleza humana. Así como los automóviles son fabricados para funcionar con gasolina en el tanque, también nosotros hemos sido hechos para encontrar satisfacción en una vida que cumple la ley. Para esto fuimos hechos y redimidos.

¿Permisivo?

El movimiento situacionista es mundanalidad, no solo porque abre la puerta de forma tan obvia a la autoindulgencia caprichosa, sino también porque pretende colocar la moral cristiana en el molde «permisivo» de moda del secularismo occidental decadente, que rechaza las restricciones de toda autoridad externa y está seguro de que somos lo suficientemente sabios y buenos como para ver lo que es realmente mejor con solo mirar. Pero según los estándares bíblicos, este es uno de los muchos engaños que han nacido del orgullo satánico y desafiante hacia Dios con el que todas las criaturas caídas estamos infectadas.

Jesús, el Hijo de Dios encarnado, fue el hombre perfecto, capaz de decir verdaderamente: «Amo al Padre» y «hago siempre lo que le agrada» (Juan 14:31; 8:29). Si alguien estaba calificado para detectar deficiencias en los Diez Mandamientos y llevarnos más allá de ellos a algo mejor, era Él. Pero ¿qué hizo? Él afirmó que tenían autoridad para siempre (Mat. 5:18-20) y que eran centrales para la verdadera religión (19:17-19). Los expuso, mostrando cómo prohibían actitudes equivocadas, así como acciones incorrectas y evasiones (5:21-30, sexto y séptimo mandamiento; 15:3-9, quinto mandamiento; comp. 23:16-22; 5:33-36, sobre el principio del tercer mandamiento). Se empeñó en insistir en que Él los guardaba (Luc. 6:6-10, cuarto mandamiento). Cuando Juan dice: «Este es el amor de Dios, que guardemos sus mandamientos» (1 Jn. 5:3), sus palabras describen la religión de Jesús, además de recordarnos que Jesús definió el amor y el discipulado para sí mismo en términos de guardar Sus propios mandamientos (Juan 14:15, 21-24; comp. Mat. 28:19-20). La observancia de los mandamientos es la única manera real de amar al Padre y al Hijo.

También es la única manera verdadera de amar al prójimo. Cuando Pablo dice que «el que ama a su prójimo, ha cumplido la ley» (Rom. 13:8; comp. 10), se explica mostrando que el amor al prójimo abarca las prohibiciones específicas del adulterio, el asesinato, el robo y la envidia. ¡No dice que el amor al prójimo los anula! Cuando mi vecino, haciendo eco de alguna canción pop, dice: «Vamos, hay que dormir juntos» o pecamos juntos de alguna otra manera, le muestro mi amor a él (o a ella) al no consentir, sino al resistir; mostrándole por qué su propuesta es incorrecta, como lo hizo José (Gén. 39: 8).

La permisividad moral, supuestamente tan liberadora y satisfactoria, es en realidad hiriente y destructiva: no solo para la sociedad (que la ley de Dios protege), sino también para el individuo sin ley que se endurece y cada vez es más reducido como persona. El primer defensor de la permisividad fue Satanás en la caída, pero su promesa de semejanza a Dios a quienes no seguían la ley era una mentira. El servicio más amoroso que el cristiano le puede dar a su prójimo en nuestro mundo moderno, el que con mucha facilidad se traga esta mentira antigua, es defender la autoridad de la ley de Dios como la única guía verdadera del hombre para la vida verdadera.

Estudio bíblico adicional

El amor y los mandamientos:
* 1 Juan 2, 3
* Gálatas 5:2–6:10

Preguntas para la reflexión y la discusión

* ¿Cómo justifican los situacionistas las acciones que otros consideran erróneas? ¿Estás de acuerdo con esta forma de pensar? ¿Puedes refutarla?
* «El amor y la ley no se oponen, sino que son aliados». ¿De qué manera?
* ¿Qué revela la ley de Dios sobre la naturaleza humana? ¿De qué forma esto nos ayuda a nosotros?

4

Jehová tu Dios

C uando Dios le dio a Israel los mandamientos en el Sinaí (Ex. 20:1-17), los introdujo presentándose: «Y habló Dios todas estas palabras, diciendo: Yo soy Jehová tu Dios, que te saqué [...] de servidumbre. No tendrás...» (v. 1 y ss.). Lo que Dios es y ha hecho determina lo que Su pueblo debe ser y hacer. Así que el estudio del Decálogo debe empezar por ver lo que nos dice sobre Dios.

Primero, Él es el Dios de la creación y del pacto. El cuarto mandamiento dice que hizo el cielo, la tierra, el mar, «y todas las cosas que en ellos hay» (v. 11). Tú y yo y todo lo demás existimos, entonces, no independientemente, sino por la voluntad y el poder de Dios. Con esto, la fórmula cinco veces repetida, «Jehová (Yahvéh) tu Dios» (vv. 2, 5, 7, 10, 12) revela un compromiso de pacto.

Jehová es «Yahvéh», el nombre propio por el cual Dios quería que los israelitas lo conocieran (ver 3:15). Viene del verbo «ser». La explicación que Dios hace sobre esto se puede traducir como «Yo soy el que (o quien) soy» o «Seré lo que seré» (3:13 ss.), pero en todos los casos resalta Su autoexistencia, eternidad y soberanía. Las palabras añadidas «tu Dios», sin embargo, apuntan a una relación especial para la cual «pacto» es el término bíblico que se usa.

Pacto

«Yahvéh» es el nombre del pacto de Dios y las Escrituras comparan Su pacto con el compromiso del hombre en el matrimonio: una promesa libre y deliberada de amar, proteger y proveer para aquel a quien Él llama «mi esposa» y a quien se presenta como «tu esposo». «Tu marido es tu Hacedor» (Isa. 54:5). No hay declaración más profunda sobre el vínculo de amor de Dios con los redimidos que la frase «tu Dios», con otras igual de simples: «Para ser tu Dios» (Gén. 17:7); «Yo estoy con vosotros» (Hag. 1:13; así lo dijo Jesús, Mat. 28:20); «Dios es por nosotros» (Rom. 8:31). ¡Las preposiciones y los pronombres personales pueden decir mucho!

Tanto la creación como el pacto le dan a Dios una doble autoridad sobre nuestra obediencia. La autoridad surge, se podría decir, tanto de la paternidad (paternidad en el sentido de creación) como del matrimonio (la relación de pacto). El pacto del Creador, que en los tiempos del Antiguo Testamento era para la simiente de Abraham a través de Isaac y Jacob, ahora abarca a todos los que son la simiente de Abraham a través de Cristo, por fe. Así que todos los que confiamos en Jesucristo como nuestro Salvador debemos darnos cuenta de que, de acuerdo con el pacto que Jesús media, Dios está comprometido a bendecirnos «con toda bendición espiritual en los lugares celestiales en Cristo» (Ef. 1:3; comp. Rom. 8:32); y la fidelidad obediente a Él, como nuestro Padre por medio de Cristo y nuestro esposo en el pacto, debe ser de ahora en adelante la regla de nuestras vidas.

Libertad

Segundo, Dios es *redentor* y *galardonador*. Redimir significa recuperar de la posesión ajena, comúnmente mediante un pago (el prestamista en el pasado usaba un símbolo en su señalética para decir: «Oficina de redención»). El Dios que redimió a los judíos de la esclavitud egipcia ha redimido a los cristianos de la esclavitud del pecado y de Satanás gracias al Calvario. Ahora, la libertad que nos ha asegurado debe ser preservada guardando Su ley.

Esto fue cierto para Israel en un nivel común: Dios les dijo que la obediencia significaría, en lugar de cautiverio, larga vida en «la tierra que Jehová tu Dios te da» (v. 12), mientras mostraba «misericordia a millares» de aquellos que lo amaban y guardaban Sus mandamientos (v. 6). Pero para Israel en ese entonces, como para los cristianos hoy, la verdad más profunda era esta: guardar la ley de Dios trae esa libertad más profunda (contentamiento interior) a la que el décimo mandamiento nos dice que apuntemos. Es por eso que Santiago la llamó la «ley [...] de la libertad» (Sant. 1:25). Guardar la ley es esa vida para la cual fuimos capacitados por naturaleza, incapacitados por el pecado, pero capacitados nuevamente por la gracia, la vida que Dios ama ver y recompensar, y para esa vida, «libertad» es el nombre adecuado.

Celos

Tercero, Dios es *celoso* y *juzga*. Sus celos no son un defecto moral, como la palabra podría sugerir, sino una excelencia moral; son los celos de un esposo leal que desea con razón el afecto exclusivo de su esposa. Cuando el amor de Dios es rechazado, Su voluntad burlada y Su lealtad traicionada, se puede esperar que Él «visite» como juez (v. 5). Dios habla de aquellos a quienes visita como personas en cada generación que lo «odian» y el verbo se refiere a que en el fondo todos los que desafían el gobierno de Dios, sin olvidar Su realidad, lo quieren muerto o resienten con amarga irreverencia tanto Sus afirmaciones como Sus advertencias. ¿Podemos sorprendernos, entonces, u objetar cuando Dios trata con tales personas con juicio retributivo?

¿Reconocemos a Dios como el legislador que realmente es? «Mira, pues, la bondad y la severidad de Dios», dice Pablo en Romanos 11:22, hablando del evangelio; «la severidad ciertamente para con los que cayeron, pero la bondad para contigo, si permaneces en esa bondad...». La bondad y la severidad también aparecen juntas en el Decálogo y somos sabios al prestar atención a ambas.

Estudio bíblico adicional

Pacto y mandamiento:
• Deuteronomio 29, 30

Preguntas para la reflexión y la discusión

- ¿Por qué un estudio del Decálogo debería empezar examinando lo que dice sobre Dios?
- ¿Qué nos enseña el matrimonio acerca del compromiso de pacto de Dios con Su pueblo?
- ¿De qué manera guardar la ley de Dios produce libertad?

¿Quién es primero?

E l mandamiento medular, el más importante, así como el primero en orden y necesario para todos los demás, es: «No tendrás dioses ajenos delante de mí». La verdadera religión empieza con aceptar esto como la regla de nuestra vida.

Lealtad

Tu dios es lo que amas, buscas, adoras, sirves y permites que te controle. Pablo llama a la codicia «idolatría» (Col. 3:5) porque lo que codicias (ya sea casas, posesiones, adornos, dinero, estatus, éxito o lo que sea) «es» un dios en este sentido. Tener a tu Hacedor y Salvador como tu Dios en lugar de cualquier otro objeto de devoción (que es el punto anterior) significa que vives para Él como suyo en obediencia fiel y leal. La actitud de lealtad devota a Dios, expresada en adoración y servicio de acuerdo con Su Palabra, es ese temor del Señor (¡reverencia, no pánico!) que la Biblia ve como el principio y, de hecho, la esencia de la sabiduría (Job 28:28; Sal. 111:10; Prov. 1:7, 9:10). La lealtad de corazón es el terreno en el cual crece la vida en santidad.

Otros dioses

¿Qué otros dioses podríamos «tener» además del Señor? Muchos. Para Israel estaban los baales cananeos, esos dioses alegres de la naturaleza cuya adoración, como sabemos por la arqueología y pasajes bíblicos como Oseas 4:11-14, era un desenfreno de gula, embriaguez y prostitución ritual. Para nosotros, todavía están los grandes dioses del sexo, el dinero y el estómago (una trinidad impía que constituye un dios: el yo) y el otro trío esclavizante: el placer, las posesiones y la posición, cuya adoración se describe en 1 Juan 2:16 como «los deseos de la carne, los deseos de los ojos, y la vanagloria de la vida». El fútbol, los negocios, la camaradería y la familia también son dioses para algunos y de hecho la lista de otros dioses es interminable, porque cualquier cosa que alguien permita que dirija su vida se convierte en su dios, y los que pretenden este privilegio son muchos. Cuando hablamos de la lealtad de la vida, la tentación es un monstruo de muchas cabezas.

Una vida enfocada

El gran mandamiento, el primero, dijo Jesús, es amar al Señor tu Dios con *todo* tu corazón, *toda* tu alma y *toda* tu mente (Mat. 22:37; la versión de estas palabras en Marcos 12:30 agrega una dimensión adicional, «todas tus fuerzas»). Citada de Deuteronomio 6:4 ss., donde se introduce con un recordatorio de que el Señor es «uno», es decir, «el único» (el primer punto es que ninguno de los otros dioses puede identificarse con Él y el segundo es que, siendo el único a quien le corresponde reclamar nuestra adoración y servicio, todo lo que pida es correcto), esta frase nos muestra lo que requiere la lealtad a Dios. Requiere amor, respondiendo al amor de Dios al hacernos y salvarnos; y exige que todo nuestro propósito esté enfocado, de modo que en todo lo que hacemos solo haya una cosa a la que apuntamos: agradar y glorificar al Señor.

«Ninguno que milita se enreda en los negocios de la vida», escribió Pablo, «a fin de agradar a aquel que lo tomó por soldado» (2 Tim. 2:4). También en los negocios, los empleadores esperan completa lealtad de su personal y creemos que tienen el derecho de hacerlo. ¡Pero cuánto más fuerte es la demanda de Dios! ¿Le damos a nuestro Dios la lealtad total y sincera que Él pide y que le corresponde? ¿Es realmente lo primero en nuestras vidas?

¿Qué significará para mí en la práctica poner a Dios primero? Todo esto, al menos. Todas las 101 cosas que tengo que hacer cada día y las 101 demandas sobre mí que sé que debo tratar de cumplir serán abordadas como iniciativas en un servicio amoroso a Él y haré lo mejor que pueda en todo por Su nombre. Esta actitud, como George Herbert dijo curiosamente, «hace que la monotonía sea divina; el que barre una habitación debido a tus leyes, hace que estas acciones sean agradables».

Entonces descubriré que, a través de la obra secreta del Espíritu que es conocida por sus efectos, mi propósito de agradar a Dios me da nuevas fuerzas para todas estas tareas y relaciones, fuerzas que de otra manera no podría haber tenido. «No podría amarte tanto, querida, si es que no amara más al honor», dijo el poeta. Cambia «Dios» por la palabra «honor» y tendrás la verdad más profunda sobre el amor del cristiano por su prójimo. Los resentimientos ensimismados se disuelven y el entusiasmo por la vida, la felicidad al hacer las cosas y el amor por los demás crecen cuando Dios está primero.

Así que despierta, entroniza a tu Dios, ¡y *vive*!

Estudio bíblico adicional

Prioridades erradas:
- Hageo 1

Dios fue despreciado, se cansó y fue despojado:
- Malaquías 1-4

Preguntas para la reflexión y la discusión

- ¿Qué caracteriza a quienquiera o lo que sea que una persona elija como su dios? ¿A qué dios (o Dios) sirves?
- ¿Por qué alguien diría: «La lealtad de corazón es el terreno en el cual crece la vida en santidad»?
- ¿Qué significa en la práctica no tener otros dioses delante de Dios?

6

Imaginación

Una canción popular en mi juventud empezaba diciendo: «La imaginación es curiosa; puede transformar un día nublado en uno soleado...». ¡La imaginación es increíble! La imaginación crea (piensa en *El Señor de los anillos* o en una obra de Shakespeare o en una sinfonía de Beethoven). Sostiene las relaciones, porque te muestra lo que la otra persona piensa y siente. Como parte de la imagen de Dios en nosotros, es buena y esencial; las personas que no tienen imaginación se pierden de mucho. Pero, como todas las cosas buenas, la imaginación puede fallar. Se puede usar para aislarse de la realidad a la fantasía y eso es incorrecto y lleva a la ruina. A los niños les encanta la fantasía, pero las relaciones adultas necesitan realismo. Si uno imagina que otras personas son diferentes de lo que son, habrá problemas, como los psiquiatras y consejeros matrimoniales lo saben muy bien. Lo que es verdad de las relaciones humanas es aún más cierto de nuestra relación con Dios.

Imaginar a Dios

¿Cómo debemos formar nuestros pensamientos sobre Dios? No solo no podemos imaginarlo de manera adecuada, dado que Él es más grande en cada aspecto de lo que podemos comprender; no deberíamos confiar en nada de lo que nuestra imaginación sugiera sobre Él, porque nuestra mente caída tiene el hábito inherente de reducir a Dios. El pecado empezó como respuesta a la tentación: «Seréis como Dios» (Gén. 3:5) y el resultado de querer estar al nivel de Dios es que lo disminuyamos a nuestro nivel. Esto no es realista, por no decir irreverente, pero es lo que todos hacemos cuando la imaginación está al mando.

Por eso tenemos el segundo mandamiento: «No te harás imagen, ni ninguna semejanza de nada». Esto no prohíbe adorar a muchos dioses (porque el primer mandamiento ya cubre eso), sino imaginar al Dios verdadero como tú o algo inferior. Dios enfoca su ataque contra las imágenes mentales, de las cuales las imágenes metálicas son en realidad la consecuencia más que la causa. Cuando los israelitas adoraron a Dios bajo la forma de un becerro de oro, estaban usando su imaginación para concebirlo en términos de poder sin pureza; este fue su pecado principal. Si la imaginación guía nuestros pensamientos sobre Dios, nosotros también nos desviaremos. Nunca se debe confiar en ninguna declaración que comience: «Así es como me gusta pensar en Dios». Un Dios que es imaginado siempre será más o menos imaginario e irreal.

El Dios verdadero

¿No te desespera cuando, después de corregir las ideas erradas de alguien, descubres que no te estaba escuchando y todavía insiste en afirmar su viejo error? Compara eso con la forma en que provocamos a Dios cuando no tomamos en cuenta lo que Él nos ha mostrado sobre sí mismo. Porque Él se ha esforzado por mostrarnos tanto Su mano como Su corazón en Sus palabras y obras registradas en las Escrituras y de forma suprema en la vida terrenal de Su Hijo encarnado, Jesucristo, quien es en todos los sentidos Su imagen (Col. 1:15; comp. Heb. 1:3; Juan 14:7-10). ¡Dios el Padre es como Jesús por completo! Es la noticia más impresionante que cualquiera puede escuchar. Pero ¿prestamos atención a lo que se ha revelado? Me temo que no. La imaginación toma el control de nuevo.

¿Qué hacemos? *Imaginamos* un conflicto entre cómo se presenta a Dios en diferentes partes del Antiguo Testamento y entre toda la presentación del Antiguo Testamento y lo que *imaginamos* que Jesús fue. ¿Qué tipo de persona piensas que Él es? ¿Manso, humilde y agradable? ¿Amable e infinitamente listo para que le supliquen y perdone? Cierto, pero solo es la mitad de la verdad, y una verdad a medias que se trata como toda la verdad se convierte en una completa falsedad. ¿Has olvidado cómo sacó a los comerciantes del templo (Mar. 11:15-17; Juan 2:14-16)? ¿O cómo criticó fuertemente a líderes reconocidos de la iglesia (Mat. 23, etc.)? ¿Cómo maldijo la higuera como señal de juicio venidero sobre el Israel infiel (Mar. 11:12-14, 20 ss.)? En Jesús, así como en toda la autorrevelación de Dios a lo largo de la Biblia, hay una combinación de piedad con pureza, pasión con poder y lentitud para enojarse con severidad de juicio, que debería humillarnos hasta las raíces de nuestro ser y movernos todos los días a clamar por misericordia. Pero ¿somos lo suficientemente realistas como para ver esto? ¿O nuestra imaginación nos ha traicionado una vez más?

¿Nos gusta pensar que Dios es luz y amor (1 Jn. 1:5; 4:8), grande y terrible, así como misericordioso (Neh. 1:5)? Tal vez no, pero Él es así y ¡ay de nosotros si somos lo suficientemente tontos y desatentos como para imaginarlo diferente!

Dios termina el segundo mandamiento (Ex. 20:5 ss.) recordándonos Su verdadera naturaleza como el Dios *celoso* que busca la lealtad total, el Dios *justo* que juzga a Sus enemigos como merecen y el Dios *misericordioso* que muestra misericordia a millares de generaciones de «los que lo aman y guardan sus mandamientos». ¿Y cómo debemos guardar este? Al frenar nuestras imaginaciones desordenadas y aceptar con reverencia que Dios es como dice que es. ¡Qué poco preparados y lentos somos para hacer eso! Sin embargo, debemos aprender a hacerlo; porque solo cuando se abandona la fantasía de color de rosa y el realismo toma su lugar, la genuina adoración, la que es en la verdad, puede empezar.

Estudio bíblico adicional

El becerro de oro y lo que Dios pensó de él:
• Éxodo 32

Preguntas para la reflexión y la discusión

- ¿Por qué la imaginación humana no puede representar adecuadamente a Dios?

- ¿Cuál es el verdadero pecado que impulsa la creación de imágenes de Dios? ¿Es este pecado un problema en tu vida? Si es así, ¿qué harás al respecto?

- En tus propias palabras, ¿cómo es Dios?

7

¿Lo dices en serio?

«El propósito de las palabras —dijo un diplomático cínico (no recuerdo quién)— es ocultar el pensamiento». Como comentario sobre cómo hablamos realmente, esta afirmación es demasiado cierta. Con regularidad hablamos para causar un efecto, pronunciando palabras que no sentimos y que no podríamos defender, y dando garantías que no tenemos intención de cumplir. «¿Lo dices en serio?» es una pregunta que a menudo hay que hacerse, porque con frecuencia, cuando deberíamos estar hablando en serio, no lo estamos haciendo.

La renuencia a hacernos cargo de las palabras que decimos, esto es, una falta de disposición a comprometernos con lo que realmente dijimos, es un síntoma de pecado, el gusano moral que destruye la integridad. ¿Por qué se rompen los votos matrimoniales, los contratos entre el empleador y el empleado y las promesas comunes (de hacer esto, velar por aquello, estar aquí e ir allá) con tanta frecuencia? ¿Por qué nuestra vida está llena de promesas que, ya sea por malicia, mala gestión, egoísmo o solo por descuido, no hemos cumplido? ¿Por qué defraudamos tan a menudo a aquellos que confiaron en lo que dijimos? Debido a nuestra pecaminosa falta de voluntad para tomar en serio nuestras propias palabras.

Tomar el nombre de Dios en vano

La Biblia, sin embargo, toma las promesas muy en serio. Dios exige completa fidelidad de nuestros votos. ¿Por qué? Por un lado, porque la confiabilidad es parte de Su imagen, la cual quiere ver en nosotros; por otro lado, porque sin ella la sociedad se desmorona. El tercer mandamiento resalta la preocupación de Dios en este punto.

«No tomarás el nombre de Jehová tu Dios en vano», dice. «En vano» significa «como si no existiera». Lo que está prohibido es cualquier uso o asociación del nombre de Dios que sea vacío, frívolo o poco sincero. Esto quiere decir al menos tres cosas.

Lo primero es la *irreverencia*, hablar o pensar sobre Dios de una manera que lo insulte al no tomar en serio Su sabiduría y bondad. Job ofreció sacrificios a favor de sus hijos mientras estaban vivos, por temor a que hubieran «blasfemado contra Dios en sus corazones» (Job 1:5); y después de su muerte, cuando su esposa en su amargura lo instó: «Maldice a Dios, y muérete» (2:9), él no lo hizo. Cada vez que el ensimismamiento pecaminoso nos hace odiar a Dios por lo que Él permite que nos suceda o a otros, quebrantamos el tercer mandamiento.

Lo segundo es el *lenguaje malo*: usar el nombre santo de Dios como una grosería para expresar los sentimientos impíos de los hombres. La blasfemia cotidiana, por ejemplo, «Oh, Dios», «Oh, Cristo» y demás, puede no ser el peor de los pecados, pero es una violación desagradable del tercer mandamiento, ya que no expresa ni fe ni adoración. A todos nos supera la rabia de vez en cuando y es mejor, sin duda, en esos momentos, hablar violenta y blasfemamente que actuar con violencia y volverse loco. Pero si te detienes a menudo en la verdad de que Dios es el Señor y ordena todo, incluso las frustraciones, para nuestra santificación (Heb. 12:5-11; comp. Rom. 8:28 ss.), descubrirás con más frecuencia, incluso en los momentos más desesperantes, que puedes mantener la calma, y eso será lo mejor.

Lo tercero y lo que necesita un esfuerzo especial porque, como vimos, todos somos muy descuidados aquí, es *el cumplimiento de las promesas*. Si hemos invocado a Dios por Su nombre para dar crédito a nuestras palabras, es una monstruosa irreverencia si luego nos retractamos de ellas. «Y no juraréis falsamente por mi nombre, profanando así el nombre de tu Dios. Yo Jehová» (Lev. 19:12; comp. Jer. 5:2; Zac. 5:4). El Señor le pedirá cuenta al que tome Su nombre en vano.

El tema es más profundo. Cuando Jesús confrontó la idea de los fariseos de que uno puede romper sin culpa cualquier juramento que se haya hecho usando un objeto sagrado, siempre y cuando el nombre de Dios no haya sido mencionado explícitamente, Su punto era que no se puede mantener a Dios fuera de ninguna transacción; Él está en todas partes y todas las promesas se hacen en Su presencia y lo involucran, ya sea que se mencione Su nombre o no (Mat. 5:33 ss.). Así que todas las promesas son sagradas y deben cumplirse. Los niños lo saben y lo sienten con mucha fuerza; es trágico que los adultos lo olviden con tanta frecuencia.

El hombre piadoso, por lo tanto, hará promesas con cautela, pero las cumplirá concienzudamente una vez que se hagan, sabiendo que la irresponsabilidad y la falta de fiabilidad aquí son pecados grandes y graves. ¡Qué difícil nos resulta aprender esto! ¡Y cuánto necesitamos aprenderlo!

Estudio bíblico adicional

Por esto las palabras necesitan ser vigiladas:
• Mateo 12:22-37

Preguntas para la reflexión y la discusión

• ¿Por qué Dios exige que mantengamos nuestros votos?
• ¿Tomar el nombre del Señor en vano se refiere solo a las promesas hechas en Su nombre? ¿Por qué sí o por qué no?
• ¿Cómo refutarías la afirmación de los fariseos de que los juramentos que no usan específicamente el nombre de Dios pueden romperse sin culpa?

8

Toma mi tiempo

El cuarto mandamiento, «Acuérdate del día de reposo para santificarlo», plantea algunas preguntas. Primero, el problema *histórico*: ¿se practicaba el *sábat* antes del Sinaí? La palabra «acuérdate» que introduce el mandamiento, además de la narración previa en la que Dios no proveería maná en el séptimo día porque lo había establecido como día de reposo (Ex. 16:22-30), sugiere que sí existía, mientras que Génesis 2:2 ss. («Dios al día séptimo, y lo santificó, porque en él reposó») lleva la práctica del sábat de regreso a la creación misma.

El sábat y el día del Señor

Segundo, el problema *dispensacional*: ¿cuál es la relación entre el sábat del Antiguo Testamento, el séptimo día de la semana que conmemora la creación y la redención de Egipto (Deut. 5:15), y el «día del Señor» cuando los cristianos se reunían para adorar, el primer día de la semana, conmemorando la resurrección de Jesús (ver Juan 20:19; Hech. 20:7; Apoc. 1:10)? Para Tomás de Aquino y la Confesión de Westminster, la relación es solo una nueva forma de contar seis y uno, de modo que la práctica del día del Señor es la forma cristiana de guardar el sábat. «Desde el principio del mundo hasta la resurrección de Cristo, Dios designó el séptimo día de la semana para ser un sábat semanal; y el primer

día de la semana desde entonces […] que es el sábat cristiano»
(*Catecismo Menor de Westminster*).

Esta parece ser la lectura natural sobre la evidencia escasa (es
decir, los tres textos del Nuevo Testamento mencionados anteriormente); pero los adventistas del séptimo día continúan el sábat
en el sábado, negando que se haya hecho un cambio, mientras que
muchos, junto con Agustín, viendo que el «descanso» ordenado
era característico de nuestro descanso de fe en Cristo, concluyen
que, al igual que otra tipología del Antiguo Testamento, este mandamiento ahora ha sido abolido. Entonces, su razón para guardar
el día del Señor es la práctica tradicional de la Iglesia en lugar del
mandato directo de Dios.

Tercero, el problema *ético*: si el día del Señor es el sábat cristiano, ¿cómo lo santificamos? Respuesta: comportándonos como
lo hizo Jesús. Sus días de reposo eran días, no para diversión
ociosa, sino para adorar a Dios y hacer el bien, lo que el *Catecismo
Menor* llama «obras de necesidad y misericordia» (ver Luc. 4:16;
13:10-17; 14:1-6). La libertad de las tareas seculares asegura la
libertad de servir al Señor en Su propio día. Matthew Henry
dice que el sábat se convirtió en un día de «descanso» santo para
que pudiera ser un día de «trabajo» santo. De esta obra santa, en
nuestro mundo sedentario y solitario, no se excluyen el entre-
tenimiento físico y la diversión familiar, pero la adoración y la
comunión cristiana son lo primero.

Tu tiempo es de Dios

Las inferencias de estas tres preguntas pueden ser discutibles, pero
el principio subyacente es claro, es decir, que debemos honrar
a Dios no solo con nuestra lealtad (primer mandamiento), con
nuestro pensamiento (segundo mandamiento) y nuestras palabras
(tercer mandamiento), sino también con nuestro uso del tiempo,
en un ritmo de trabajo y descanso. Seis días para el trabajo que
culminan en un día para la adoración. La demanda de Dios sobre
nuestros días de reposo nos recuerda que todo nuestro tiempo
es Su regalo, para ser devuelto a Él y usado para Él. «Toma mi
vida» incluye «toma mis momentos y mis días, tómate mi tiempo,
todo». Aquí es donde empieza la verdadera obediencia al cuarto
mandamiento.

Que los cristianos son mayordomos de los dones y del dinero que Dios les da es una verdad conocida hoy en día; que somos mayordomos del tiempo que se nos da se ha recalcado menos, pero es igual de cierto. Podemos aprender esto de los puritanos, quienes a menudo expresaban su conciencia de la preciosidad del tiempo y de Pablo, quien exhorta: «Mirad, pues, con diligencia cómo andéis [...] aprovechando bien el tiempo, porque los días son malos» (Ef. 5:15 ss.; comp. Col. 4:5). «Tiempo» significa «momento» u «oportunidad»; «aprovechar bien» es literalmente «comprar», «redimir del desperdicio o la inutilidad»; y los días siguen siendo «malos» en el sentido de Pablo, es decir, llenos de tentación y oposición de fuentes satánicas (comp. 6:11-17). Satanás quiere que desperdiciemos cada minuto; nos corresponde a nosotros hacer que cada minuto cuente para Dios.

¿Cómo? No por una prisa desenfrenada para intentar lograr demasiadas actividades en un espacio reducido de tiempo (un error común de la actualidad), sino por un estilo de vida ordenado en el cual, dentro del ritmo establecido de esfuerzo y descanso, trabajo y adoración, se asigne un tiempo adecuado al sueño, a la familia, a ganarse el salario, a las tareas domésticas, a la oración, a la recreación, etc., para que dominemos el tiempo en lugar de ser dominados por él.

Pocos de nosotros, tal vez, tomamos el cuarto mandamiento tan en serio como deberíamos. Mis propios fracasos aquí han sido grandes. ¿Qué hay de ti?

Estudio bíblico adicional

Cómo darle tiempo a Dios:
* Isaías 58

Preguntas para la reflexión y la discusión

* ¿Qué relación ves entre el sábat del Antiguo Testamento y el día del Señor del Nuevo Testamento? Defiende tu punto de vista contra puntos de vista alternativos.
* ¿Cómo podemos santificar el sábat en nuestro tiempo?
* En términos prácticos, ¿qué implica darle todo nuestro tiempo a Dios?

9

Dios y la familia

Después de cuatro mandamientos sobre las demandas directas de Dios vienen seis en servicio hacia los demás. El primero de ellos es: «Honra a tu padre y a tu madre».

Respeto por los padres

Las Escrituras enfatizan la responsabilidad de los padres de entrenar a sus hijos y de los hijos de honrar a sus padres. En el Antiguo Testamento, la falta de respeto a los padres era un pecado mayor: el que maldecía a su padre podía ser ejecutado (Ex. 21:17; Lev. 20:9), y Cam fue castigado por burlarse de su padre Noé mientras él dormía bajo los efectos del potente vino casero (Gén. 9:20-27). En el Nuevo Testamento, Jesús hace pedazos a los fariseos por afirmar que guardan el quinto mandamiento mientras que en realidad lo rompen al dejar a los padres en la indigencia (Mat. 15:3-9) y la desobediencia a los padres indica decadencia y apostasía (Rom. 1:30; 2 Tim. 3:2).

¿Por qué Dios resalta el deber de «amar, honrar y socorrer a mi padre y a mi madre» (como dice el Catecismo)? Por muchas razones.

Primero, la familia es la unidad social principal; ninguna nación es estable o fuerte cuando la vida familiar es débil.

Segundo, la familia es la unidad espiritual básica, en la que Dios hace de los padres pastores y maestros de sus hijos.

Tercero, los niños tienen una enorme deuda de gratitud con sus padres por los años de cuidado y provisión.

Cuarto, los niños necesitan la orientación de los padres más de lo que se imaginan y se empobrecen al rechazarla. La larga vida prometida en Éxodo 20:12 y Deuteronomio 5:16 a aquellos que honran a sus padres no está garantizada a ningún cristiano, pero sigue siendo cierto que los niños que desobedecen a sus padres sufren pérdidas. Pierden un grado de madurez humana y hacen que les sea más difícil honrar a un Padre en el cielo.

Quinto, antes de que existiera el seguro social, las personas mayores solo tenían a sus propios hijos para mantenerlos; e incluso con un estado subsidiario, los padres mayores necesitan la preocupación amorosa de sus hijos, al igual que los niños alguna vez necesitaron el cuidado de sus padres.

Dios y las familias

Nada de esto, por supuesto, justifica la tiranización o posesividad de los padres o requiere que los hijos se inclinen ante cualquiera de los dos. «No exasperéis a vuestros hijos [y vosotros] no provoquéis a vuestros hijos al resentimiento, sino criadlos en la instrucción y la corrección que pertenecen a una educación cristiana» (Col. 3:21; Ef. 6:4). Si los padres impiden el discipulado, la desobediencia a los padres se convierte en un mal necesario.

Pero de lo que debemos darnos cuenta es que Dios, que es padre (Padre de nuestro Señor Jesucristo y de todos los cristianos a través suyo), se preocupa enormemente por las familias. La vida familiar, con sus responsabilidades incorporadas tanto para padres como para hijos, es parte de su propósito para todos, y la forma en que nos comportamos como hijos y padres es una prueba primordial tanto de nuestra humanidad como de nuestra piedad. El amor (el amor cariñoso de los padres que respetan a sus hijos y quieren verlos madurar, y el amor agradecido de los hijos que respetan a sus padres y quieren verlos contentos) es nuestro gran anhelo aquí.

Cuán urgente es en estos días que padres e hijos vuelvan a aprender juntos los caminos de la vida familiar cristiana. En Occidente, la familia extendida de ayer se ha reducido a la familia nuclear de hoy; el seguro social y la riqueza de la comunidad han reducido la importancia de la familia como unidad económica y todo esto ha debilitado las relaciones familiares. Los padres están demasiado ocupados para dar tiempo a sus hijos, y los jóvenes, que se identifican con la cultura «juvenil» actual, son más propensos que nunca a criticar a sus padres como viejos y anticuados. Pero el quinto mandamiento nos recuerda el orden de Dios en este aspecto.

Sinceramente, ahora: ¿cuál es o ha sido, tu actitud hacia tus padres? *Honrarlos* significa respetarlos, por así decirlo, por su oficio, su relación contigo, así como debemos respetar a los clérigos y funcionarios públicos, independientemente de lo que pensemos de sus limitaciones personales o vidas privadas. Un contemporáneo de mi escuela forjó una brillante carrera académica, pero se avergonzaba de sus padres (su padre era panadero) y no los visitaba ni dejaba que lo visitaran. Así como en una edad previa a la jubilación los fariseos dejaban que la gente se escapara de la responsabilidad financiera de los padres (Jesús los reprendió fuertemente por eso: ver Mar. 7:6-13), las personas de hoy también eluden la tarea de cuidar a los padres que ya no pueden cuidar de sí mismos. Pero nadie puede afirmar que ama a su prójimo mientras se encoge de hombros ante sus padres. Algunos de nosotros tenemos que arrepentirnos.

Estudio bíblico adicional

Patrón para las familias:
• Colosenses 3:18-21 (comp. Ef. 5:21–6:4)
Cómo Jesús honró a Su madre:
• Juan 2:1-11; 19:25-27

Preguntas para la reflexión y la discusión

• ¿Por qué una nación no puede ser fuerte si la vida familiar en ella es débil?
• ¿Cómo el conocimiento de la paternidad de Dios puede ser de ayuda para los padres?
• ¿De qué manera es el hogar un terreno para las pruebas?

10

La vida es sagrada

E l sexto mandamiento (Ex. 20:13; Deut. 5:17) es «no matarás» o «no cometas asesinato» (NTV). La palabra significa asesinato malicioso e ilegal, por lo que «asesinato» es más preciso. No se refiere a la ejecución judicial (por ejemplo, por asesinato) ni a la muerte en la guerra; de hecho, Dios exige ambas en los mismos libros de los cuales aparece el mandamiento (ver Ex. 21:12-17; Deut. 20:10-18). Por muy fuerte que sea nuestra opinión sobre si la pena de muerte es desaconsejable e incluso detestable (las opiniones varían), no podemos invocar este mandamiento para probar nuestro punto; en su contexto, no tiene relación con ninguno de los dos asuntos, sino que trata de la moral privada.

El hombre a imagen de Dios

El mandamiento se basa en el principio de que la vida humana es santa; primero, porque es un don de Dios y, segundo, porque el hombre lleva la imagen de Dios (Gén. 1:27; 9:6). La vida humana es, por lo tanto, la cosa más preciosa y sagrada del mundo, y terminarla o dirigir su final es solo prerrogativa de Dios. Honramos a Dios respetando Su imagen en los demás, lo que significa preservar constantemente la vida y promover el bienestar de los demás de todas las maneras posibles.

Hay varias cuestiones, no siempre llamadas asesinato, que el mandamiento prohíbe. Primero está la *malicia*, el deseo de disminuir a alguien, o como decimos, de «verlo muerto». Jesús subrayó esto. «Todo el que se enoje con su hermano quedará sujeto al juicio del tribunal [...], cualquiera que lo maldiga quedará sujeto al fuego del infierno» (Mat. 5:22, NVI). El odio en el corazón también puede ser considerado asesinato, así como violencia contra la persona.

Segundo, el mandamiento prohíbe toda *crueldad* o *violencia* que pueda debilitar o acortar la vida de otra persona. Es doloroso ver cómo los crímenes contra la persona (robos y atentados, por ejemplo) han aumentado en países supuestamente cristianos, mientras que lavar el cerebro e interrogar mediante tortura (y a veces, incluso, tortura sin interrogatorio) se han establecido como recursos estándares del militarismo moderno. Si se hubiera meditado en el sexto mandamiento, nada de esto pasaría.

Matar al feto

En tercer lugar, el mandamiento prohíbe el *aborto* porque, como muestra la ciencia genética, el feto es desde el momento de la concepción un ser humano en proceso (podríamos decirlo así) de ser. El hecho de que durante varios meses no pueda sobrevivir fuera del útero no afecta su derecho a la misma protección que otros seres humanos merecen y que él mismo merecerá después del nacimiento. El aborto solo puede justificarse (y solo como un mal necesario) cuando el embarazo realmente pone en peligro la vida de la madre y, como saben los médicos, hay pocos casos de este tipo hoy en día. Legalizar el aborto por otros motivos es un mal social, independientemente de los argumentos de conveniencia que se usen.

Cuarto, el mandamiento descarta el *suicidio* y la *eutanasia*. El suicidio (autoasesinato) es el acto de una mente desquiciada; aunque tales actos no pierden por sí mismos la gracia de Dios, como se pensaba, el suicidio es una violación directa del mandato de Dios. También lo es la eutanasia, que es suicidio por control remoto o un asesinato que se basa en la idea de que podemos legalmente «sacar a la gente de su miseria» al igual que disparamos legalmente a los caballos o hacemos que los veterinarios duerman a

LA VIDA ES SAGRADA

las mascotas. Pero no podemos poner en el mismo saco a un ser humano con caballos o mascotas, incluso si él mismo en un momento fuera de sí debido al dolor nos pide que lo hagamos. Es bueno que la ley trate tanto al suicidio como a la eutanasia como actos ilegales.

(Dejar que el cuerpo muera cuando no queda ninguna esperanza de recuperar la conciencia no es, por supuesto, eutanasia; en ese caso, la persona debe considerarse ya muerta en el sentido más importante. La dificultad en estos casos es juzgar cuándo se ha alcanzado el punto en el que la conciencia no puede regresar.)

El asesinato de millones de judíos y lisiados por parte de los nazis y de millones de rusos por parte de los comunistas rusos en este siglo muestra adónde conduce la negación de la santidad de la vida humana. El sexto mandamiento señala el mejor camino que apunta a la verdad.

Asesinos

Tal como los escritores de historias de asesinatos suponen y como la mayoría de nosotros aprendemos en la experiencia, tenemos en nosotros capacidades para la furia, el miedo, la envidia, la codicia, la vanidad, la insensibilidad y el odio que, con la provocación correcta, podrían convertirnos a todos en asesinos: maltratadores de bebés o asesinos en serie, matones profesionales o sicarios aficionados. El padre Brown, de la obra de G. K. Chesterton, explicó su método de detección cuando dijo: «Verás, fui yo quien mató a todas esas personas», en el sentido de que miró dentro de sí mismo para encontrar la mentalidad que produciría el crimen que estaba investigando, y de hecho lo descubrió allí. Chesterton le permite moralizar: «Ningún hombre es realmente bueno hasta que sabe lo malo que es o podría ser; hasta que se ha dado cuenta exactamente de cuánto derecho tiene a todo este esnobismo, burla y a hablar de "criminales" como si fueran simios en un bosque a diez mil kilómetros de distancia... hasta que haya exprimido de su alma la última gota del aceite de los fariseos; hasta que su única esperanza sea de alguna manera u otra haber capturado a un criminal y haberlo mantenido sano y salvo bajo su propio cuidado».

Brown, aunque ficticio, afirma un hecho. Cuando se descubren los pozos insondables de rabia y odio en el corazón humano normal, los resultados son aterradores. «Allí voy, si no es por la gracia de Dios». Solo restringir y renovar la gracia permite a cualquiera guardar el sexto mandamiento.

Estudio bíblico adicional

El asesinato es algo perverso:
- Génesis 4:1-16; 9:1-7

Preguntas para la reflexión y la discusión

- ¿Por qué el odio debería considerarse junto con el asesinato? ¿Cómo lidias con los sentimientos de furia y odio contra otras personas?
- ¿Estás de acuerdo con la posición establecida en este capítulo sobre el aborto y la eutanasia? ¿Por qué sí o por qué no?
- ¿Cuál es el «mejor camino que apunta a la verdad» al que se hace referencia?

11

El sexo es sagrado

Cuando era muy pequeño y escuché por primera vez el texto del séptimo mandamiento, pensé (lo creas o no) que el adulterio significaba tan solo una forma en la que los adultos se comportaban. Desde ese entonces he visto, así como tú, que algunos adultos sí consideran al sexo fuera del matrimonio como una señal de ser verdaderamente adultos: «maduro» es la palabra que utilizan, aunque creo que está mal aplicada. (Cuando un alumno de la escuela dominical definió el adulterio como el pecado de fingir ser mayor de lo que eres, en términos morales y no físicos, ¡me parece que dio en el clavo con un golpe resonante!). Pero lo que las palabras «no cometerás adulterio» nos llaman a enfrentar es, primero, que el sexo es para el matrimonio y solo para el matrimonio; segundo, que el matrimonio debe ser visto como una relación de fidelidad de por vida; tercero, que los matrimonios de otras personas no deben ser interferidos por la intrusión sexual. Una señal de la verdadera madurez es comprender estos principios y vivir de acuerdo con ellos.

El lugar para el sexo

No es que las Escrituras sean aprensivas sobre la alegría sexual, como lo han sido a veces los cristianos. Pasajes como Proverbios 5:18 ss. y el Cantar de los Cantares muestran que Dios, quien lo inventó, está a su favor, ¡siempre que esté en su lugar! Pero la actividad sexual a menudo está fuera de lugar, cuando, por ejemplo, está motivada en buscar diversión o aliviar la tensión mental o física o la soledad o el aburrimiento o el deseo de controlar o humillar; o cuando es una mera reacción física al atractivo sexual de alguien. Tales motivos degradan el sexo, haciéndolo (a pesar de la excitación a corto plazo) trivial y desagradable, y una vez que la emoción ha terminado, deja atrás más disgusto que deleite.

Entonces, ¿cuál es el lugar y el propósito del sexo? Dios pretende, como lo muestra la historia de la creación de Eva a través de Adán, que la experiencia de «una sola carne» sea una expresión y una intensificación del sentido de pareja, de que, al ser dados el uno al otro, ahora pertenecen juntos, cada uno necesita del otro para sentirse completo y pleno (ver Gén. 2:18-24). Este es el «amor» que las parejas comprometidas deben «hacer» cuando tienen intimidad. De esa relación nacen hijos, pero esto es secundario; lo esencial es enriquecer su relación a través de su «conocimiento» mutuo como personas que se pertenecen exclusivamente y sin reservas. Así que el lugar para el sexo es el lugar de la fidelidad mutua de por vida, es decir, el matrimonio, donde la experiencia sexual se enriquece a medida que la pareja experimenta más y más la fidelidad amorosa del otro en la relación integral.

Senderos falsos

De ello se deduce que el sexo ocasional fuera del matrimonio (llamado «adulterio» si alguno de los cónyuges está casado, «fornicación» si es que no) no puede cumplir el ideal de Dios, porque carece del contexto de la fidelidad prometida. En el sexo ocasional, un hombre no *ama* estrictamente a una mujer, sino que la *usa* y *abusa* de ella (por muy dispuesta que ella esté). La masturbación solitaria tampoco puede cumplir con el ideal de Dios; el sexo es para las relaciones, no para las excursiones del ego.

Además, las relaciones están pensadas para ser solo heterosexuales; Dios prohíbe y condena las prácticas homosexuales (Lev. 18:22; Rom. 1:26 ss.). En estos días, hay que decir, de hecho, gritar, que cuando aceptamos de parte de Dios una vida sin lo que Kinsey llamó «escapes» (es decir, actos sexuales físicos) no nos hace daño, ni necesariamente reduce nuestra humanidad. Después de todo, Jesús, el hombre perfecto, era célibe, y Pablo, ya sea que haya sido viudo, abandonado o nunca casado, vivió soltero durante todo su ministerio. No todos los que quieren tener una pareja sexual pueden tener una, pero cuando Dios nos llama a ciertas circunstancias, también nos capacitará para ellas.

El sexo es una señal

En la jungla de la permisividad moderna, se pierde el significado y el propósito del sexo y se pierde su gloria. Nuestra sociedad ignorante necesita recordar con urgencia la perspectiva noble y ennoblecedora del sexo que la Escritura enseña y que el séptimo mandamiento da por sentado: que el sexo es para relaciones plena y permanentemente comprometidas; que al ser la mezcla de afecto, lealtad y biología que son, nos preparan y nos ayudan en lo que es su prototipo: «la felicidad de ser libres, voluntariamente unidos» a Dios, a los hombres y a los ángeles «en un éxtasis de amor y deleite comparado con el cual el amor más extasiado entre un hombre y una mujer en esta tierra es tan solo leche y agua» (C. S. Lewis).

¿Eso será divertido? Sí, eso es una de las cosas que será, así que no es de extrañar que Dios también haya hecho que su análogo terrenal sea divertido. Tampoco puedes despreciarlo, así como no puedes deificarlo, por esa razón. La dulzura del afecto entre los sexos, vinculada (como siempre) con la sensación de que la relación de pareja, por completa que sea, nunca es del todo completa, es en realidad una joya de señal que nos apunta a Dios. Cuando la gente, con una mentalidad de Romeo y Julieta, dice: «Esto es más grande que nosotros», está diciendo algo que es más real de lo que a veces se imagina. Pero una señal solo ayuda a aquellos que se dirigirán por el camino que señala, y si insistes en acampar de por vida junto a una señalización hermosa, serías tonto porque nunca llegarías a ninguna parte.

Estudio bíblico adicional

Sexo mal manejado:
- Proverbios 6:20–7:27
- 1 Corintios 6:9-20

La alegría del amor sexual:
- Cantares 1–8

Preguntas para la reflexión y la discusión

- ¿Cuál es el concepto bíblico del matrimonio? ¿Qué le falta al sexo fuera del matrimonio en cuanto al ideal de Dios?
- ¿Cuál es el propósito principal de Dios para el sexo? ¿Qué indica la expresión «una sola carne» sobre esto?
- ¿Cómo aconsejarías a una persona que confiesa sus inclinaciones homosexuales?

12

¡Alto ahí, ladrón!

«Tanto tú mismo como tu esposa y tus bienes terrenales son los que están más cerca de ti, y Dios quiere que estén en un lugar seguro para ti, de modo que ordena que nadie quite ni disminuya ninguna parte de las posesiones de su prójimo. Lo cierto es que este es un vicio muy común, pues robar no solo significa vaciar cofres y bolsillos, sino también aprovecharse de otros en mercados, almacenes, tiendas de vino y cerveza, talleres, en resumen, en aquel lugar en el que los hombres realizan negocios y entregan dinero a cambio de bienes y mano de obra».

Así, Lutero expone el octavo mandamiento al centrarse en el principio de equidad con el que está relacionado. El amor a nuestro prójimo requiere que consideremos sagrada no solo su persona (sexto mandamiento) y su matrimonio (séptimo mandamiento), sino también su *propiedad* y lo que le *corresponde*.

La propiedad

Detrás del mandamiento se encuentra la postura bíblica de la propiedad; es decir, que lo que uno posee es una responsabilidad. Por ley humana, mi propiedad es lo que poseo y aquello de lo que puedo disponer como desee, a diferencia de lo que tan solo se me permite usar como usuario o administrador bajo las condiciones que el propietario impone. Sin embargo, los que creen en la Biblia saben que lo que la ley humana dice que poseo (como mi dinero, bienes, derechos legales y títulos), en realidad lo tengo como administrador de Dios. Cuando Jesús habla de esto en una parábola, se refiere a estas cosas como *talentos*, prestados por mi Señor de manera temporal para usarlos para Él. Un día se me pedirá cuenta de cómo administré aquellos recursos que son suyos, de los que se me dio control.

La tentación de robar bienes, es decir, privar a otra persona de lo que ella tiene por derecho, surge porque el hombre caído, llevado por sus instintos, siempre quiere más de lo que tiene en el momento, y quiere más de lo que otros tienen. La competitividad ciega expresa celos igual de ciegos; esa fue la esencia del orgullo del diablo cuando se rebeló contra Dios y del orgullo de Caín cuando mató a Abel (Gén. 4:4-8) y del orgullo de Rebeca y Jacob cuando robaron la primogenitura de Esaú (Gén. 27); y es la esencia de la codicia insatisfecha que es condenada en el décimo mandamiento, la cual es la razón por la que se prohíbe tomar algo de forma deshonesta en el octavo mandamiento. Pero no es la voluntad de Dios que tengamos algo que no podamos obtener de forma honorable, y la única actitud correcta hacia los bienes de los demás es la preocupación escrupulosa de que la propiedad sea respetada por completo.

Formas de robar

Sin duda, este principio es claro y común. Después de todo, cada código de ley en todas partes siempre ha protegido la propiedad, condenado el robo y requerido daños y perjuicios de la manera en que lo hace la Escritura (comp. Núm. 5:7; Prov. 6:30 ss.). ¿De qué otra manera podría haber una vida comunitaria ordenada? Podría parecer que ya no se necesita seguir reflexionando más al respecto.

Pero, espera un momento. ¿Cómo se aplica el principio? Va más allá de lo que quizás entendemos.

Existe, por ejemplo, el robo del *tiempo*, quizás la forma más común de robo hoy en día. Los empleados son contratados para hacer una cantidad de horas de trabajo por una cantidad de salario y no lo hacen. Empezamos tarde, terminamos temprano, nos tomamos un café, almorzamos y hacemos una pausa para el té y perdemos tiempo en el proceso. Eso es robo.

También es robo cuando un comerciante no entrega algo de *valor por el dinero* que le han dado. El Antiguo Testamento condena los pesos y medidas falsas (Deut. 25:13-15; Amós 8:5); el equivalente moderno es sobrevalorar bienes y servicios, y sacar provecho de la necesidad de otro. Especular y todas las formas de cobrar de más son robo.

Una vez más, es robo cuando las *deudas* no se pagan, pues se le está robando a la persona a la que se le debe el dinero al que tiene derecho moralmente. Dejar que las deudas se mantengan es una forma de vida para algunos, pero las Escrituras la condenan. «No le debéis a nadie nada, sino el amaros unos a otros», dice Pablo (Rom. 13:8). Si realmente amamos a nuestro prójimo, no trataremos de posponer el pago.

Finalmente, es un robo apropiarse de una *reputación*, destruyendo el crédito de alguien con chismes maliciosos a sus espaldas. «Quien roba mi bolso, roba basura», escribió Shakespeare, «pero el que me roba mi buen nombre […] me hace pobre». Por lo tanto, el chisme es una violación del noveno mandamiento; su efecto será una violación del octavo.

Tal vez pensamos que las palabras «no hurtarás» no tenían relevancia para nosotros en nuestra dignidad. Quizás tengamos que pensarlo de nuevo. «El que hurtaba, no hurte más», escribió Pablo (Ef. 4:28). ¿Podría ser que «¡Alto ahí, ladrón!» sea una frase que Dios nos está hablando a ti y a mí?

Restitución

Ahora, seamos sinceros. Hemos estado considerando ideas sobre algunas formas de robar. ¿Te ha llamado la atención que tú mismo hayas estado robando de alguna de estas formas? Si es así, Dios te llama ahora a arrepentirte (lo que significa cambiar) y hacer restitución a aquellos a quienes has defraudado. Zaqueo, el artista de la extorsión, expresó su arrepentimiento prometiendo restaurar cuatro veces todo el dinero que había tomado injustamente (Luc. 19:8; Zaqueo estaba aplicando la regla de cuatro ovejas por una de Ex. 22:1). En el avivamiento de Belfast de 1922-1923, los trabajadores de las embarcaciones que se habían convertido trajeron herramientas y equipos que se habían «perdido», la devolución fue en tales cantidades que se tuvo que proporcionar un cobertizo adicional para almacenarlos. Eso mostró una realidad espiritual. ¿Cuánta realidad de este tipo hay en nosotros?

Estudio bíblico adicional

Robar y engañar en la familia:
* Génesis 27; 29:15-30; 30:25–31:42

Preguntas para la reflexión y la discusión

* ¿Por qué crees que Lutero consideró que aprovecharse de los demás era una forma de robo?
* ¿Cómo se relaciona el robo con la exhortación: «No le debas nada a nadie»?
* ¿Estás de acuerdo en que la reputación de un hombre es más importante que su billetera? ¿Por qué sí o por qué no?

13

La verdad es sagrada

S i te llamo mentiroso, te sentirás profundamente insultado, porque cuando pensamos en los mentirosos, pensamos en personas en cuya palabra no podemos confiar, como deficientes moralmente. Aprendemos del noveno mandamiento, y del resto de Biblia, que Dios también lo juzga así. Algunos tratan la mentira como una especie de arte, pero la Escritura la ve con horror y nuestra convicción anglosajona sobre la santidad de la verdad y la vergüenza de mentir refleja la influencia saludable de la Biblia en nuestra cultura.

El testigo falso

El mandamiento «No hablarás contra tu prójimo falso testimonio» lo encontramos en Éxodo 20:16 y en Deuteronomio 5:20. La palabra para «falso» en el primer versículo significa que «no es cierto»; en el segundo, significa que «no es sincero», señalando así el propósito engañoso que engendra la falsedad. Otra traducción, que dice: «Dar evidencia falsa» (NEB, traducción literal), destaca que el mandamiento se relaciona en primer lugar con el tribunal de justicia, donde solo se puede hacer justicia si los testigos dicen «la verdad, toda la verdad y nada más que la verdad», una fórmula que nos recuerda por la fuerza que las exageraciones, las medias verdades y los silencios engañosos pueden ser mentiras. Pero el principio de sujetarse a la verdad que es sagrada va más allá de la corte y afecta a todos los seres vivos.

¿Por qué mentir?

¿Por qué las personas mienten? ¿Por qué Satanás, («mentiroso, y padre de mentira» según nuestro Señor en Juan 8:44) le mintió a Eva en el jardín? En parte, por malicia, en parte, por orgullo. Cuando mientes para destruir a alguien, es malicia; cuando mientes para impresionarlo, manipularlo y usarlo y para así evitar ser visto bajo una luz oscura, es orgullo. Satanás mintió (y miente) porque odia a Dios y a la gente piadosa y quiere extender su rebelión anti-Dios. Los hombres mienten para protegerse de la exposición y para promover sus supuestos intereses. El orgullo judío herido engendró testimonios falsos en la corte contra Jesús y Esteban (Mat. 26:59 ss.; Hech. 6:13). El miedo, el desprecio y la venganza, la vanidad jactanciosa, el fraude y el deseo de brillar contando una buena historia son otros motivos que incitan mentiras.

De hecho, mentir de alguna forma (incluidas las «mentiras piadosas», que rara vez son tan blancas como parecen) es una actitud tan universal que constituye una prueba convincente de nuestra caída, al igual que la necesidad de tener cerraduras en todas las puertas de nuestro hogar y en el automóvil.

Dios y las mentiras

Mentir insulta no solo a tu prójimo, a quien puedes lograr engañar, sino también a Dios, a quien nunca puedes engañar. Un Dios que dice la verdad y cumple promesas, que «no miente» (Tito 1:2, NBLA; también Núm. 23:19; 1 Sam. 15:29) y que quiere ver en nosotros Su propia imagen moral, naturalmente «aborrece [...] la lengua mentirosa [...], el testigo falso que habla mentiras» (Prov. 6:16-19). Mentir es parte de la imagen de Satanás, no de Dios, y no debemos extrañarnos de que «todo el que ama y practica la falsedad» se excluya de la ciudad de Dios (Apoc. 22:15; comp. 21:27). No hay piedad sin veracidad. ¡Señor, ten misericordia!

La verdad y el amor

Pero cuando uno se propone ser sincero, aparecen nuevos problemas. Hay personas para las que claramente no es correcto decir toda la verdad; son como inválidos, porque no son lo suficientemente fuertes como para recibir malas noticias; o enemigos en tiempos de guerra, a quienes uno no debe darles información y de quienes (como Rahab en Josué 2 y Corrie ten Boom) uno puede esconder fugitivos; gente loca y mala, que usaría lo que le dices para dañar a otros; el público en general, cuando un político quiere llevar a cabo un plan benéfico que depende para su éxito de que nadie lo anticipe; y así sucesivamente. Nadie duda de que en estos casos las personas responsables deben disimular. Pero ¿va eso en contra del noveno mandamiento?

En principio, sí. Lo que está prohibido es el falso testimonio contra tu prójimo; es decir, como ya mencionamos, la mentira orgullosa diseñada para destruirlo y exaltarte a costa suya. El mandamiento positivo implícito en este negativo es que debemos buscar el bien de nuestro prójimo y decirle la verdad y hablar verdad sobre él con este fin. Cuando el amor que busca su bien nos impulsa a retener la verdad que, si se expresa, traería daño, se observa el espíritu del noveno mandamiento. En casos tan excepcionales como los que hemos mencionado, todas las formas de actuar tienen algo de maldad en ellas y una mentira descarada, como la de Rahab (Jos. 2:4, 5; observa el elogio que se le da en Sant. 2:25), puede ser en realidad la mejor forma, el mal menor y la expresión más verdadera de amor a todas las partes involucradas.

Sin embargo, una mentira, aun cuando es impulsada por el amor, la lealtad y el reconocimiento evitable de que, si decirla es malo, no decirla sería peor, sigue siendo algo malo (a menos que, junto con jesuitas del estilo antiguo y situacionistas de tipo moderno, sostengamos que el fin justifica los medios). Dar falso testimonio por el prójimo no es tan malo como dar falso testimonio contra él; pero la mentira como tal, por muy necesaria que parezca, es mala, y el hombre de mente recta lo sabe. Ciertamente se sentirá contaminado, con mucha razón buscará ser limpio otra vez en la sangre de Cristo y se conformará con vivir de la única manera en que alguien puede vivir ante nuestro santo Dios: por el perdón de los pecados. Una vez más, decimos: «¡Señor, ten misericordia!, y no nos dejes caer en este tipo particular de tentación, donde solo tenemos la opción de elegir entre pecados, sino líbranos del mal».

Estudio bíblico adicional

Falso testimonio:

- 1 Reyes 21:1-24
- Hechos 6:8-15
- Mateo 26:57-75

Preguntas para la reflexión y la discusión

- ¿Por qué es importante la veracidad no solo en la sala del tribunal, sino en toda la vida?
- ¿Por qué Satanás le mintió a Eva? ¿Alguna vez tergiversas la verdad con las mismas motivaciones?
- ¿Por qué no puede haber piedad sin verdad?

14

Tener contentamiento

En el décimo mandamiento, «no codiciarás», el reflector de Dios se mueve de las acciones a las actitudes, de los movimientos a las motivaciones, de las obras prohibidas al deseo prohibido. La palabra «codiciar» transmite la idea de buscar ganancias deshonestas y deshonrosas. La codicia aparece aquí como primo hermano de la envidia: ves lo que alguien más tiene y lo quieres para ti, como Acab quería tomar la viña de Nabot en 1 Reyes 21. En Colosenses 3:5 (PDT), Pablo llama «idolatría» a la codicia, porque las cosas codiciadas se convierten en tu dios, controlando tu vida.

La codicia es la raíz de todo mal social; los deseos que rompen los límites crean acciones para igualarlos. David tomó a Betsabé (por robo, quebrantando el octavo mandamiento) y la embarazó (rompiendo así el séptimo) y luego, para evitar el escándalo, organizó que mataran a su esposo Urías (rompiendo así el sexto) y todo empezó con David codiciando a la esposa de su vecino, en violación del décimo (ver 2 Sam. 11).

Del mismo modo, la codicia de Acab de la viña cercana de Nabot llevó a la incriminación de Nabot por falso testimonio (rompiendo el noveno mandamiento), su asesinato judicial (romper el sexto) y su viña confiscada a la corona, en otras palabras, legalmente robada (rompiendo el octavo).

Luego estaba Acán (Jos. 7; ver v. 21) y también Judas, cuya codicia lo llevó a romper primero el octavo mandamiento (Juan 12:6) y luego el sexto y noveno juntos cuando traicionó a Jesús hasta la muerte, simulando rendirle reverencia (Mat. 26:48-50), todo por dinero (Mat. 26:14-16; comp. 27:3-5). Tal vez Pablo tenía en mente a Acán y a Judas, así como a personas que él conocía personalmente, cuando escribió que «raíz de todos los males es el amor al dinero, el cual codiciando algunos, se extraviaron de la fe, y fueron traspasados de muchos dolores» (1 Tim. 6:10).

Llamados al contentamiento

Dicho de manera positiva, «no codiciarás [...] cualquier cosa que sea de tu prójimo» es un llamado a encontrar contentamiento en la vida que uno tiene. El contentamiento que prescribe el décimo mandamiento es la suprema protección contra las tentaciones de quebrantar los mandamientos del cinco al nueve. El hombre que está descontento, cuya inquietud en el interior lo hace vivir ensimismado, ve a otras personas como instrumentos para alimentar su codicia, pero el hombre que está satisfecho es libre, no como otros que no se preocupan por el bien de su prójimo. «Pero gran ganancia es la piedad acompañada de contentamiento», escribió Pablo (1 Tim. 6:6).

La Escritura presenta el contentamiento como un secreto espiritual. Es una dimensión de la felicidad, que es en sí misma el fruto de una relación. Toplady enfoca esto magníficamente en un poema que empieza así: «Felicidad, tu maravilloso nombre, ¿dónde está tu asiento? Oh dime, ¿dónde?». Él escribe:

¡Objeto de mi primer deseo,
Jesús, crucificado fue por mí!
Todos a la felicidad aspiran,
Solo para ser hallados en ti.
Agradarte y conocerte
Es nuestro gozo aquí abajo,
Verte y amarte
Es nuestro gozo allá arriba.

Mientras siento tu amor por mí,
Cada objeto rebosa de gozo;
Aquí, oh, puedo caminar contigo,
Entonces, ¡en tu presencia moriré!

¡Déjame poseer,
la suma total de la felicidad!
Entonces probaré el verdadero gozo,
Cielo abajo y cielo arriba.

Conocer el amor de Cristo es la única fuente de la cual el verdadero contentamiento fluye.

Sin embargo, Jesús diagnosticó un enemigo mortal para el contentamiento: la preocupación (ver Mat. 6:25-34). Pero dijo que para un hijo de Dios (y para cada cristiano) la preocupación, que en realidad es inútil, pues no puede mejorar nada (v. 27), es innecesaria. ¿Por qué? Porque «vuestro Padre celestial sabe» sus necesidades (v. 32) y se puede confiar en que las suplirá cuando busques «primeramente el reino de Dios y su justicia» (v. 33). No ver esto y en consecuencia perder el contentamiento, muestra «poca fe» (v. 30). Se puede confiar absolutamente en Dios, cuya paternidad es perfecta, para que nos cuide día a día. Así que un segundo secreto de la vida de contentamiento es entender que la planificación es un deber y la preocupación es un pecado, porque Dios está a cargo, y enfrentar todas las circunstancias con una actitud de «alabado sea Dios, de todos modos».

Esto no es todo. Mira a Pablo, un hombre satisfecho como pocos. Desde la cárcel, escribió: «No lo digo porque tenga escasez, pues he aprendido a contentarme, cualquiera que sea mi situación. Sé vivir humildemente, y sé tener abundancia. Todo lo puedo [es decir, todo lo que estoy llamado a hacer] en Cristo que me fortalece» (Fil. 4:11-13). El secreto al que alude Pablo aquí está explicado por completo en Hebreos 13:5 ss.: «Sean vuestras costumbres sin avaricia, contentos con lo que tenéis ahora; porque él dijo: No te desampararé, ni te dejaré; de manera que podemos decir confiadamente: El Señor es mi ayudador; no temeré lo que me pueda hacer el hombre».

Darse cuenta de la presencia prometida del Señor amoroso, quien ordena las circunstancias y da fuerza para enfrentarlas, es el secreto final del contentamiento.

Dirigir el deseo

Todos somos, por supuesto, criaturas de deseo; Dios nos hizo así y filosofías como el estoicismo y religiones como el budismo que apuntan a la extinción del deseo son realmente inhumanas en su objetivo. Pero el deseo que es pecaminosamente desordenado necesita ser redirigido, para que dejemos de codiciar los bienes de los demás y anhelemos su bien y la gloria de Dios con y a través de Él. Cuando Thomas Chalmers habló del «poder expulsivo de un nuevo afecto», estaba pensando en la forma en que el conocimiento del amor de mi Salvador me desvía de los caminos estériles del autoservicio codicioso, para poner a Dios primero, a los demás en segundo lugar y a la autogratificación en el último lugar de mis preocupaciones. ¿Cuánto sabemos en la experiencia de este divino poder transformador? Es aquí donde se encuentra el antídoto final contra la codicia.

Estudio bíblico adicional

Del descontento al contentamiento:
• Salmo 73
Contentamiento en prisión:
• Filipenses 4:4-20

Preguntas para la reflexión y la discusión

• ¿En qué sentido el contentamiento prescrito en el décimo mandamiento es una protección contra la tentación de quebrantar los primeros nueve?
• ¿Estás de acuerdo en que las filosofías que apuntan a la extinción del deseo están equivocadas? ¿Por qué sí o por qué no?
• ¿Qué quiso decir Thomas Chalmers con su frase «el poder expulsivo de un nuevo afecto»?

15

Aprender de la ley

¿Qué quiere enseñarnos Dios hoy con los mandamientos? Algunos dicen que ya no hay nada que el hombre pueda aprender de ellos, pero no es así. Aunque tiene más de 3000 años de antigüedad, esta composición antigua de instrucción divina es una revelación de la mente y el corazón de Dios para siempre (al igual que el evangelio, con casi 2000 años de antigüedad), y tiene relevancia para nosotros al menos en tres aspectos.

Primero, los mandamientos muestran *qué tipo de personas Dios quiere que seamos*. De la lista de prohibiciones, se nos dice qué acciones Dios odia, aprendemos el comportamiento que desea y ama ver. ¿A qué cosas Dios les dice «¡No!» en la ley? A la infidelidad e irreverencia a Él, y al deshonor y daño a nuestro prójimo. ¿Y quién es nuestro prójimo? Jesús hizo esa pregunta y la respondió en efecto diciendo: todos los que conocemos. Entonces, ¿qué quiere Dios que seamos? Personas libres de estos males; personas que aman activamente al Dios que los hizo y a sus vecinos, a quienes también hizo, todos los días de sus vidas; personas como Jesús, que no solo era el Hijo eterno de Dios, sino también Su hombre perfecto. ¿Una tarea difícil? Sí, pero no debería sorprendernos que nuestro Creador santo nos exija reflejar Su gloria moral. ¿Qué más podría complacerlo?

Tres tipos de uso

Es por eso que la teología de la Reforma no separó la ley de Dios de Dios mismo, sino que la pensó personal y dinámicamente, como una palabra que Dios publica continuamente al mundo a través de las Escrituras y la conciencia, y a través de la cual trabaja constantemente en las vidas humanas. Al explicar este enfoque, los teólogos reformados dijeron que la ley de Dios tiene tres usos o funciones: primero, mantener el orden en la sociedad; segundo, convencernos de pecado y conducirnos a Cristo de por vida; tercero, animarnos a la obediencia, por medio de sus normas y sus sanciones, todas las cuales expresan la naturaleza de Dios. El tercer uso es el que está a la vista aquí.

La ley de la naturaleza

En segundo lugar, los mandamientos muestran *cuál es el estilo de vida que es de verdad natural para nosotros*. Los teólogos han entendido correctamente que los mandamientos declaran la ley «natural», la ley de nuestra naturaleza. Esta frase significa que lo que se demanda no solo corresponde (aunque va más allá) a «la obra de la ley» escrita, más o menos de forma plena, en la conciencia de cada hombre (ver Rom. 2:12 ss.), sino que también describe la única forma de conducta que satisface plenamente la naturaleza humana. Las desviaciones de ella, incluso cuando son inconscientes, son ineludiblemente insatisfactorias. Cuando las personas se alejan de la fórmula «Primero Dios, después los otros y uno mismo al final», como si fuera una receta para la miseria total, muestran que no se entienden a sí mismas. En realidad, esta es la única fórmula que le ha traído a quien la aplique libertad interior verdadera y contentamiento para toda la vida, y deberíamos alegrarnos de que Cristo nuestro Maestro guíe a Sus discípulos tan firmemente de regreso a ella.

La gente se pregunta si la ley de Dios obliga a todos los hombres o solo a los creyentes. La respuesta es que los obliga a todos; primero, porque Dios nos hizo a todos; y segundo, porque estamos hechos de tal manera que si no aprendemos a obedecer la ley nunca podremos encontrar la felicidad y la satisfacción para las que fuimos creados.

Aquí hay una paradoja, que es mejor no ocultar sino mostrar. La plenitud de la que hablamos aquí es conocida solo desde el interior, por aquellos que prueban y ven; desde el exterior con frecuencia nos parece exactamente lo contrario. Esto refleja el éxito de Satanás al persuadirnos, como una vez persuadió a Eva, de que no hay plenitud sin una autoindulgencia libre de restricciones, una de las muchas ilusiones ópticas de la mente que él ha engendrado. Pero Jesús habló en parábolas sobre destruir nuestra mano, pie u ojo con tal de entrar en la vida (Mar. 9:43-48) y literalmente de renunciar al matrimonio por el bien del reino (Mat. 19:12), y llamó a todos Sus seguidores a negarse a sí mismos; es decir, estar listos a Su llamado para decir «no» a cualquier cosa y a todo aquello a lo que sería más natural decir «sí». ¿Esto es plenitud? Sí, porque Dios usa nuestro desapego voluntario para unirnos a Él y llenarnos de Él y eso significa vida, luz y gozo interior. Los cristianos se lanzan a situaciones a las que, cuando las probaron con la punta del pie, las sintieron como agua terriblemente fría, y encuentran que en realidad es maravillosa. Pero el mundo no puede discernir esa ilusión óptica y sigue siendo escéptico.

Conócete a ti mismo

Tercero, los mandamientos muestran *qué clase de personas somos ante los ojos de Dios;* es decir, transgresores de la ley bajo sentencia, cuya única esperanza radica en la misericordia perdonadora de Dios. Cuando medimos nuestras vidas por la ley de Dios, encontramos que la autojustificación y la autosatisfacción son igual de imposibles y estamos sumidos en la desesperación. Lo que produce este efecto es lo que los reformadores llamaron el segundo uso de la ley. En Romanos 7:7-20, Pablo nos dice por su propia experiencia cómo funciona. La ley dirige un reflector sobre nuestras intenciones y deseos (Pablo da ejemplos de codicia) y nos hace conscientes de motivaciones fuera de la ley en nosotros mismos (casi podría llamarse un impulso instintivo) que causan que las intenciones y deseos anhelados sigan burbujeando, haciéndonos «[cautivos] a la ley del pecado que está en [nuestros] miembros» (v. 23). Por lo tanto, la ley, al mostrarnos a nosotros mismos como espiritualmente enfermos y perdidos, nos permite apreciar el remedio del evangelio.

Diseño para la vida: los Diez Mandamientos

Amemos, cantemos y maravillémonos;
¡Alabemos el nombre del Salvador!
Él ha silenciado el fuerte trueno de la ley,
Ha apagado la llama del monte Sinaí;
¡Él nos ha lavado con Su sangre,
Él presenta nuestras almas a Dios!

¡Aleluya!

Estudio bíblico adicional

Cómo la ley expone el pecado:
• Romanos 3:9-20; 7:7-25
Cómo la ley anima al santo:
• Salmo 119

Preguntas para la reflexión y la discusión

• ¿Cómo explicarías la pertinencia permanente de los mandamientos?
• ¿Qué significa decir que los mandamientos declaran «la ley de nuestra naturaleza»?
• ¿Qué te dicen los mandamientos sobre ti mismo? ¿Qué has hecho al respecto y qué piensas hacer ahora?

16

El pegamento de la sociedad

Hasta ahora, hemos visto los mandamientos como algo que Dios le dice al individuo («tú»); de esa manera, nos aísla de la multitud en la cual nuestra identidad se hundiría, y requiere de nosotros una reacción personal responsable a lo que dice. Esta es una mirada real sobre ellos, pero no es toda la verdad. Porque el «tú» a quien Dios se dirigió por primera vez en Éxodo 20 y Deuteronomio 5 era Israel de forma colectiva, la nación-familia que Él había redimido («Yo soy Jehová tu Dios, que te saqué...»). Dios estaba enseñando Su voluntad no solo para los israelitas de forma individual, sino también para la vida comunitaria de Israel.

Esto también es verdad para nosotros, porque es verdad para la humanidad como tal. Dios nos hizo vivir en sociedades (familia, iglesia, partidos políticos, comunidades de negocios y cultura), y los mandamientos muestran el ideal social de Dios, así como Su propósito para los individuos. De hecho, promover el buen orden en la sociedad fue para los reformadores, como señalamos antes, el primer uso de la ley.

El camino de la estabilidad

¿Cuál es el ideal de Dios? Una comunidad temerosa de Dios, caracterizada por el culto común (1, 2, 3) y un ritmo aceptable de trabajo y descanso (4), además de un respeto incondicional por el matrimonio y la familia (5, 7), por la propiedad y los derechos del dueño (8, 10), por la vida humana y la demanda de cada hombre sobre nuestra protección (6) y por la verdad y la honestidad en todas las relaciones (9).

La preocupación de Dios por las comunidades no debe considerarse secundaria a Su preocupación por los individuos (la forma en que nuestra propia preocupación a menudo se configura), porque en Él las dos preocupaciones son orgánicamente una. Esto está claro por la forma en que el Antiguo Testamento resume repetidamente Su promesa, que era la esperanza de Israel, en un tesoro de palabra: *shalom*. Cuando se desentraña esta palabra, *shalom*, traducida como «paz», significa no solo libertad de la guerra y de los problemas, pecado y falta de religión, sino también justicia, prosperidad, buen compañerismo y salud y bienestar comunitario integral bajo la mano misericordiosa de Dios.

A los cristianos occidentales modernos (que han sido condicionados por su cultura a usar las anteojeras de un individualismo racionalista y que constantemente están siendo ensordecidos por el clamor de los humanistas, para quienes el propósito de la sociedad es ampliar la gama de opciones del individuo) puede costarles ver la unidad de la preocupación de Dios por el individuo en comunidad y la comunidad de individuos. Pero ese es nuestro problema. Otras generaciones pudieron verlo y en las Escrituras el asunto es muy claro.

Así que los mandamientos de Dios son en verdad el pegamento para la sociedad. Está claro que donde se reconocen estos valores, las comunidades (la nuestra en el pasado, por ejemplo) se mantienen unidas, incluso en este mundo caído; pero en la medida en que estos valores son negados, la sociedad se desmorona. Esto se puede aprender tanto del mundo paganizado de injusticia y revolución que era el reino del norte de Israel (traza su triste historia en 1 Reyes 12–2 Reyes 17 y las profecías de Amós y Oseas) como de las revoluciones y contrarrevoluciones que atormentan al mundo de hoy.

El estado laico

Hasta hace poco, la mayoría de las naciones occidentales se veían a sí mismas como una continuación de la cristiandad medieval, es decir, como entidades sociales y políticas con compromisos cristianos corporativos e ideales para vivir que, al menos en intención, estaban controlados y moldeados por las Escrituras. Pero ahora este ideal está siendo desplazado por el del estado secular, una comunidad que oficialmente no tiene ninguna religión o ideología, excepto la de maximizar la libertad para que los ciudadanos persigan como individuos cualquier interés que tengan, ya sea religioso o de otro tipo.

El cambio es gradual, por lo que el problema que plantea está hasta cierto punto enmascarado; pero es importante tenerlo claro. La civilización cristiana, con su preocupación por la salud, el bienestar y la dignidad del individuo, por la integridad en la administración pública y por una vida familiar en la que se honre la feminidad y se reconozcan las reivindicaciones de los hijos, es un producto distintivamente cristiano. La sociedad occidental de hoy está ocupada secularizando estas preocupaciones, es decir, separándolas de su arraigo histórico en la fe cristiana y descartando esa fe como una base que ya no es viable para la vida comunitaria. Por el momento, la sociedad occidental parece tan atenta y compasiva que algunos ven la ciudad secular de hoy como la forma moderna del reino de Dios. Pero, por cierto que sea que a través de la gracia común de Dios se encuentran regularmente buenas ideas morales entre los hombres caídos, las normas y valores cristianos no pueden durar en una sociedad que ha apostatado colectivamente la fe cristiana.

Juicio

¿Por qué esto es así? No solo porque negar los absolutos de la fe también debilita los absolutos morales (aunque de hecho lo hace), sino también porque la corrupción moral y la miseria que trae son parte del juicio de Dios sobre la apostasía. «Como ellos no aprobaron tener en cuenta a Dios, Dios los entregó a una mente reprobada, para hacer cosas que no convienen», dice Pablo, y continúa con una lista de horrores que se lee como un resumen de las noticias del periódico de esta mañana (Rom. 1:28-31). Nuestra tan proclamada «permisividad» es en realidad un asunto de maldición divina, como lo fue la anarquía tontamente alegre en los días de Jeremías. ¿Qué persona reflexiva puede mirar hacia adelante sin estremecerse?

Entonces, ¿qué deberíamos decir de la sociedad secular moderna? ¿Debemos ver su surgimiento como un signo de progreso? ¿No es más bien un signo de decadencia, el principio de una caída libre por una pendiente resbaladiza con un hoyo en la parte inferior? Cuando los valores de Dios son ignorados y el único ideal de la comunidad es la permisividad, ¿de dónde vendrá el capital moral una vez que se gaste el legado cristiano? ¿Cómo puede la política nacional elevarse por encima del interés propio material, pragmático y sin principios? ¿Cómo se puede evitar el colapso interno a medida que los intereses sectoriales, desenfrenados y sin noción de la responsabilidad nacional son reducidos? ¿Cómo puede evitarse una reducción general (incluso la destrucción) de la felicidad, cuando se rechaza el camino revelado de la felicidad, el «primero Dios, segundo los otros y al final yo» de los mandamientos? El futuro es nefasto. Que Dios nos traiga de vuelta a sí mismo y a la sabiduría social de Sus mandamientos antes de que sea demasiado tarde.

Estudio bíblico adicional

Dinámica de la sociedad permisiva:
• Romanos 1:18-32
Análisis de la sociedad apóstata:
• Isaías 1, 3, 5

Preguntas para la reflexión y la discusión

• ¿Estás de acuerdo en que los mandamientos son tanto para las sociedades como para los individuos? ¿Por qué sí o por qué no?
• ¿La actitud de una sociedad hacia los mandamientos afecta su futuro? ¿De qué manera?
• ¿Qué reemplaza a los mandamientos en el estado secular? ¿Cuál es el resultado?

Índice